Jean Ernest Pierre

Une autre vie de prière

Jean Ernest Pierre

Une autre vie de prière

Pour une intimité plus profonde avec Dieu

Éditions Croix du Salut

Imprint
Any brand names and product names mentioned in this book are subject to trademark, brand or patent protection and are trademarks or registered trademarks of their respective holders. The use of brand names, product names, common names, trade names, product descriptions etc. even without a particular marking in this work is in no way to be construed to mean that such names may be regarded as unrestricted in respect of trademark and brand protection legislation and could thus be used by anyone.

Cover image: www.ingimage.com

Publisher:
Éditions Croix du Salut
is a trademark of
International Book Market Service Ltd., member of OmniScriptum Publishing Group
17 Meldrum Street, Beau Bassin 71504, Mauritius

Printed at: see last page
ISBN: 978-613-7-36655-4

Note importante

Chère lectrice / Cher lecteur,

L'utilisation des pronoms et des adjectifs possessifs commençant par une lettre majuscule est une marque de révérence que j'utilise envers Dieu. Prière de ne pas les remarquer.

Dédicace

Je tiens à dédier ce livre à ma très chère épouse,

née Johane Monchéry, et à mes tendres enfants.

La réalisation de ce travail leur a privé de ma personne

en qualité d'écoute, d'affection et de temps.

Puisse ce livre être pleinement leur.

Remerciements

Je veux remercier toutes celles et tous ceux

qui m'ont consacré leur temps

et leur connaissance.

Vos remarques et suggestions m'ont

été très utiles. Sans votre généreuse contribution,

ce livre n'aurait pas eu au tant d'impact.

J'ai l'assurance qu'il sera un

élixir de vie et d'édification pour

chaque lectrice et lecteur.

Bibliographie

Good morning Holy Spirit, Benny Hinn, Thomas Nelson, Inc., Publishers, 1990,1997

204 p

Sommaire

PRÉFACE....9
INTRODUCTION....11
Chapitre I....13
ORGANISER ET DISCIPLINER SA VIE DE PRIÈRE....13
Chapitre II....31
LES TYPES DE PRIÈRE....31
Chapitre III....52
LA PROFONDEUR DANS LA PRIÈRE....52
CHAPITRE IV....60
L'ONCTION DU ST-ESPRIT....60
Chapitre V....70
HANDICAP....70
CONCLUSION....83

PRÉFACE

Élaboration et intention de ce livre

« ***Une autre vie de prière*** » n'est pas un ouvrage de plus écrit sur la prière parmi tant d'autres. Il se veut plutôt un ouvrage révolutionnaire sur cette action qui traduit notre intimité avec Dieu. Considérant la profondeur spirituelle de ce texte et le constat décevant d'une routine léthargique dans ce domaine sensible que l'Auteur nous livre à froid, je ne puis m'empêcher de recommander à tout chrétien la lecture de ce livre. Inspiré de la Parole de Dieu et émaillé d'exemples tirés de la vie pratique de tous les jours, le présent ouvrage est venu apporter une réponse on ne peut plus satisfaisante à cette question brûlante d'actualité que plus d'un se posent : Puis-je rentrer dans une relation personnelle avec Dieu et développer une intimité plus profonde avec mon Seigneur ?

Chers lecteurs, ce livre vous invite de plus à consacrer plus de temps avec Dieu dans la prière. Je veux parler d'un temps de qualité qui vous sera à la fois utile et profitable dans votre vie personnelle et dans le ministère que vous exercez pour Lui. Profitez richement de cette œuvre qui marquera profondément la nature de vos relations avec Dieu qui veut que vous vous approchiez chaque jour beaucoup plus de Lui. Alors, bonne lecture chers (ères) lecteurs et lectrices

Phony PERANSTIN, BT,
Professeur au Séminaire de Théologie
Evangélique de Port-au-Prince (STEP)

INTRODUCTION

Le résumé de communion entre Dieu et l'homme dans le jardin, que nous lisons au début du livre de la Genèse, révèle la relation intime que Dieu a toujours voulu avoir avec sa créature bien-aimée. Ceci traduit l'attitude d'un vrai, bon et tendre père, qui connaît que sa présence, en dépit du confort dont il a entouré son enfant, est la seule chose qui puisse compléter sa satisfaction. D'ailleurs, un enfant riche, élevé sans la compagnie de son père, souffre d'un grand vide sentimental que seul le père pouvait combler.

En ce sens, il n'est pas prévu la satisfaction complète de l'homme sans la précieuse et douce présence de Dieu. Cela lui est accordé au moyen de la prière, plus précisément d'une vie de prière dépassant l'ordinaire, soit une autre vie de prière, qui le place dans le champ des choses compatibles à la nature divine qu'il porte en lui.

Le concept « Prière »

Il y a tellement de définitions attribuées à la « *prière* », qu'une liste exhaustive s'avérait inappropriée : parler à Dieu ; communiquer avec Dieu ; converser avec Dieu ; offrir tout son être à Dieu ; partager l'intimité ; la respiration de l'âme et de l'esprit; etc. Toutes les fois qu'une définition provient de l'inspiration du St-Esprit sur la sensation et la conviction que la prière donne au cœur, c'est bon ! Car ce n'est pas une définition qui fait de la prière ce qu'elle est. Par ailleurs, si on considère le concept en termes de satisfaction qu'apporte la prière à travers l'intimité avec Dieu, il sera défini par chaque bonne expérience qui en découle ; or les expériences sont tout à fait multiples. Maintenant, il est plutôt question de faire l'expérience qui te conduit à ta propre définition de ce concept indéfinissable.

La conception vis-à-vis de la prière

Avant d'entamer les points devant constituer la teneur de cette étude, il est on ne peut plus important d'éclaircir un point d'ombre, qui, malheureusement, place couramment ceux qui prient dans des situations qui déstabilisent facilement leur élan de prière : *la conception vis-à-vis de la prière*. Il faut comprendre que la quantité de pourquoi on prie ne peut pas être un nombre fini, si on considère l'importance et la nécessité. Cependant, si tu fais de ce qui suit, des éléments indissociables de ta conception de la prière, ta motivation ne sera pas ébranlée n'importe comment : ***La prière est l'entrée dans la présence de Dieu où tu***

absorbes de la grâce et jouis de la gloire ; où tu exprimes ta dépendance totale de Lui ; et où tu partages Son intimité.

Je suis d'accord avec l'idée de saisir la grâce de Dieu ; mais, une fois se présenter convenablement devant le trône, recevoir de la grâce et jouir de la gloire deviennent plutôt automatiques. Moïse n'a pas grimpé la montagne pour que son visage fût rayonné de gloire (Ex 34 : 28, 29 ; et de même pour le Seigneur Jésus lors de la transfiguration (Luc 9 : 28-36). La prière crée un champ où réside la présence de Dieu se manifestant de différentes manières : en brouillard ; en flammes de feu ; en de grands échos ; en de vents doux ou impétueux ; en incitation à des pleurs jaillissantes d'amour ; en des secousses corporelles irrésistibles ; en la pénétration de forts sentiments d'affection pour Dieu ; en réception des visions sur des choses surhumaines ; en conviction de détention d'autorité sur toutes les puissances adverses ; en sentiments de possession des éléments spirituelles pouvant attirer et amener à l'existence des choses matérielles ; en connaissance relativement intime de la personne du St-Esprit et de Sa manière d'opérer ; en la haine du mal ; en désir ardent de sainteté ; en reconnaissance de l'écart indéfiniment grand qui te sépare de la sainteté de Dieu ; en inspiration pour mener l'œuvre de Dieu ; etc. Ces choses sont disponibles, selon la volonté de Dieu, pour celui qui prie. C'est comme du phosphore exposé au rayon solaire qui absorbe de l'énergie pour projeter de la lumière dans l'obscurité.

Ton attachement à la prière traduit le fait que tu reconnais ta faiblesse et ton incapacité de mener à bien ta vie chrétienne avec ta propre force, voire œuvrer dans les affaires de Dieu sans sa grâce. Par contre, lorsque tu ne pries pas, la chair a les moyens de te duper, en te faisant croire que tu possèdes en toi la capacité de tout faire par toi-même. C'est pourquoi, celui qui mène un ministère et qui ne prie pas assez, se place dans une situation spirituelle très dangereuse.

Quel est l'enfant qui ne désire pas vivre en intimité avec ses parents ? Une fois converti, tu ne peux pas avoir Dieu dans ta vie seulement comme un Créateur ; – Il est aussi ton Père ! Il t'attend pour partager avec toi l'amour, la douceur, le bonheur et la révélation de Son intimité. Quand tu ne le fais pas, ou tu ne le fais suffisamment, tu attristes Son St-Esprit.

Ainsi cette conception peut-elle conduire ton cœur à aimer la présence de Dieu, à aimer la prière. Cet amour est le point de départ d'une vie de prière dynamique, c'est-à-dire, ***d'une autre vie de prière.***

Chapitre I

ORGANISER ET DISCIPLINER SA VIE DE PRIÈRE

L'organisation et la discipline sont deux éléments qui perturbent l'imperfection humaine. Le plus souvent, dans nos faiblesses, le mieux que nous nous sentons capables de faire une chose est la façon qui ne nous dérange pas dans notre confort. Pourtant, au regard de la relation avec Dieu, l'attitude confortable de l'humain révèle souvent la négligence ou du moins l'ignorance de ses besoins, de ce qu'il doit faire, ou de ce dont il doit s'approprier. Généralement quand nous sommes très confortables dans notre vie de prière, cela doit sous-entendre qu'il y a des changements à y apporter. Or, au début, et même chemin faisant, une vie de prière passée de l'ordinaire ne tolère pas l'attitude confortable de la nature humaine. Ainsi, parvenir à organiser et discipliner notre vie de prière requiert péremptoirement les éléments suivants:

I - L'amour de la prière

On reprend pour dire que le point de départ d'une vie de prière dynamique est l'amour. L'amour est l'abstrait le plus concret. La relation entre Dieu et l'homme est fondée sur cette base : l'amour de Dieu pour lui (Jean 3 : 16) ; et son amour pour Dieu (Mat 22 :37). L'amour engendre l'affection ; l'affection donne naissance à l'attachement ; et l'attachement produit l'intimité. Alors il faut demander à Dieu de te rendre toujours assoiffé de sa présence, « ***car c'est Dieu qui produit en nous le vouloir et le faire selon son bon plaisir*** » (Ph 2 : 13). Mais qu'est-ce que cela fait d'aimer la prière ? Cet amour pousse à la quête de tout ce qui attire et encourage à prier. Prenons en quelques-uns :

a) Lire les portions bibliques y relatives

La Bible contient des passages pouvant susciter la soif de prière. Certains d'entre eux enseignent la persévérance, d'autres le réconfort, d'autres la victoire, d'autres la louange et l'adoration, etc. Tu en as besoin!

b) Lire et écouter l'expérience des autres

Dieu permet à d'autres chrétiens, dont plus d'un sont encore en vie, de faire et de partager des expériences de leur vie de prière. Ces expériences sont assez inspirantes ; tu as besoin de les lire et de les écouter.

c) Se faire des amis qui aiment prier

Il est tout à fait important de faire des amis de prière. Il s'agit des gens qui prient beaucoup et qui ne tiennent pas trop longtemps compagnie que pour prier ou partager quelque chose de spirituel. Tu ne dois pas passer trop de temps sans ce genre de compagnie

d) Être convaincu de l'importance de la prière

Tu dois te convaincre de l'importance de la prière. Ainsi, lire et écouter peuvent te procurer des évidences qui te convaincront que la prière est plus importante que même la nourriture pour le corps. Et quand ces évidences s'affirment, tu diras que tu t'es vraiment mal comporté de n'avoir pas passé beaucoup plus de temps dans la prière. Dieu est là ; Il veut t'avoir en Sa compagnie ; Il met tout en œuvre pour l'attraction. C'est Son vœu d'inspirer l'amour de prier à tous ceux qui le veulent, mais il faut vraiment le vouloir. L'amour n'est pas une règle, mais il respecte les disciplines. Par conséquent, la construction de cette autre vie de prière ne s'en passe pas. Si ton cœur aspire à l'amour, il s'attachera à ces principes. A ce compte, tu finiras par grandir dans cet amour et tu te procureras beaucoup plus de temps et de soin pour prier mieux.

II - Horaire de prière

Les personnes responsables se font toujours des horaires permettant de régler et de contrôler leurs vies en fonction de leurs activités. Il y va de même de la vie de prière. Pour la mettre en règle, on doit se créer un emploi du temps dans lequel la prière devient une activité de grande importance, car ne pas passer quotidiennement assez de temps avec Dieu est une faute spirituellement très grave. Alors tu dois prendre du temps d'étudier le contenu de ta journée, en y incluant tout ce que tu fais, comme : service de l'église, soin de la maison, soin personnel, travail, école, famille, loisir, etc. A l'intérieur, crée au moins ces trois espaces stratégiques du temps pour insérer la prière : Matin, médian et soir. Ce début peut aider à prendre de l'équilibre, mais voici la teneur d'un horaire dynamique pour une autre vie de prière :

a) Tôt le matin

Il est très important de te donner l'habitude de commencer à prier en devançant l'aube, à l'instar de Jésus (Marc 1 : 35). C'est surtout un moment où l'humain a déjà pris du repos. C'est aussi une expression de l'importance accordée à l'intimité que tu as avec Dieu, en montrant que la première chose de ton jour n'est autre que jouir du plaisir et du bonheur de Sa communion. C'est pourquoi, il est recommandé de passer beaucoup plus de temps à Le remercier, Le louer et L'adorer en ce moment-là. Aussi dois-tu intercéder beaucoup. Ces types de prières témoigneront de l'amour que tu as pour Dieu et pour ton prochain. Pour une personne qui commence à prendre maturité, ce moment pourrait durer jusqu'à la dime des vingt-quatre heures du jour, soit deux heures et vingt-quatre minutes. Mais autant que tu grandis, les évidences prouveront que ce n'est pas suffisant. Honnêtement, c'est un moment très stratégique dans lequel tu dois faire le plein pour mieux gérer tous les combats que renferme ta journée.

b) Se retirer pendant un temps de la journée

Cette partie concerne plus particulièrement les gens qui peuvent planifier leur journée sans contrainte d'un patron. De toute manière, ce n'est pas un avantage, si tu veux avoir une vie de prière très poussée, de plonger toute ta journée dans le travail sans une pause pour prier. Autrement, pourquoi les écoles et les entreprises donnent un répit ? C'est pour recharger le corps. Profitons-en pour recharger l'esprit et l'âme. Il faut être intelligent ; quand le contexte n'accorde pas un long temps, Dieu le sait et il y fait des provisions incroyables (I Roi 18 : 36, 37 ; Esa 38 : 2, 3 ; Luc 23 : 34, 42). Il suit avec attention la passion que produit ton amour pour la prière. Lorsque tu n'es pas sous tutelle d'un patron, tu dois te créer un espace d'environ une heure et même plus, selon l'attraction de l'Esprit et les obligations du jour. C'est un moment de changement de vitesse ; tout dépend des luttes de cette journée.

c) Pendant les heures d'occupation

La Parole de Dieu nous fait injonction de « prier sans cesse » (I Th 5 : 17). D'après ce texte, le chrétien doit prier beaucoup, et garder son esprit toujours en prière. C'est exactement l'attitude d'une personne amoureuse. Malgré le fait que la pression des occupations surgit, on ne peut pas enlever de son esprit, pendant quelques bonnes minutes, l'expression de son affection pour l'autre. Elle saisit toute occasion pour envoyer au moins un texto.

Dans le domaine de la prière, le jeu est plus serré, et l'attachement est beaucoup plus évident, car il n'y a absolument rien qui puisse mettre en question la disponibilité et l'attente de Dieu de répondre ponctuellement au désir de communion de son enfant, et avec amour propre. Par conséquent, au lieu de laisser ton esprit divaguer dans le vide sous l'orientation forcée des soucis et des séductions de ce monde, garde-le dans cette intimité spirituelle. Parle à Dieu de tout et de rien. Tu fais un mauvais clic, un mauvais coup de marteau, ou tu mets trop d'épices dans la nourriture, parle-Lui ! Tu fais un bon clic, un bon coup de marteau, ou un mets délicieux, glorifie-Le. Fais en sorte que tu partages tout avec Lui. Sur ce, tes prières seront des expressions de ta vie réelle.

d) Un jour particulier

Cet aspect dans l'organisation de l'horaire explique que la vie de prière commence certainement à croître dans une autre dimension. Pour être un bon combattant dans la prière, le temps pour prier ne peut pas rester ordinaire. Si on a le moyen de le faire, surtout les gens, en dépit de leurs occupations, qui peuvent décider sur leur horaire de travail, il va falloir se retirer au moins un jour sur sept, ou sur quinze, ou sur trente pour passer un long temps d'intimité avec Dieu dans la prière. Le jour en entier serait mieux, mais cela dépend de ton inspiration et de ta soif. C'est un moment où l'on interdit toute possibilité de contact. Car passer régulièrement une journée de prière hors de tout contact n'est pas une simple chose. Pour ces moments, on a besoin des buts précis, spéciaux et surtout inspirés du St-Esprit.

e) Au soir

Dans la prière, le chronomètre aide beaucoup dans certains cas, comme pour un moment de différentes sortes de prières. Mais tu ne dois pas en être esclave ; surtout, quand tu ressens de fortes attractions de l'Esprit pour passer plus de temps. Le Seigneur sait passer toute une nuit en prière (Luc 6 : 12). Les gens qui s'accrochent à une vie de prière ordinaire et qui s'y sentent confortables vont avoir du mal à s'en défaire pour l'accepter. C'est une vérité sans appel que, souvent, le temps à passer en prière ne dépend pas toujours de nous ; et particulièrement lorsque la croissance s'en impose.

La prière du soir ne doit pas être séchée sous prétexte de fatigue et d'insuffisance de sommeil. Tu ne dois pas aller au lit sans avoir passé le temps nécessaire avec le Seigneur. Cependant, si la fatigue ou le manque de sommeil s'apaise trop, tu devras en parler à Dieu pour passer moins de temps. Si c'est possible, couche sur un morceau de sac de prière pour garder la motivation (Une personne mariée doit trouver l'accord de l'autre ; ou bien lui demander de coucher ensemble sur le sac).

On note que ce qu'on dit ici n'a rien à voir avec une personne qui entend s'accommoder à la vie de prière dans l'ordre du commun. La prière du soir est la dernière chose à faire comme activité du jour. Plus tôt on la démarre, plus facile elle sera faite, face aux adaptations d'un corps fatigué.

f) Veillée de prière

Celle-ci est un espace conçu pour passer plus de temps à prier au soir. Elle se fait individuellement ou collectivement; et elle se termine généralement aux premières heures du matin du jour qui suit. Cela dépend de l'organisation de ta vie de prière à pouvoir planifier une ou plusieurs veillées de prière par semaine, individuellement ou collectivement. Si l'horaire de prière au soir n'atteint pas les heures du matin, il est nécessaire de t'organiser ou de participer à une veillée de prière par semaine pour t'y habituer.

Mais, comme je viens de le dire, il adviendra que, dans le cadre de l'accroissement, souvent les prières nocturnes traversent les heures du matin. A ce stade, plus de besoin de t'organiser. Cependant si c'est nécessaire, tu pourras toujours participer à une veillée de prière collective soit pour un but de rencontre spéciale ou pour encourager les autres.

g) Jour de jeûne

Sur le plan spirituel, jeûner est se priver de nourriture pendant un temps de prière et de grandes concentrations spirituelles. C'est le moment d'exprimer l'intensification d'un besoin à satisfaire, tout en t'humiliant devant Dieu. C'est aussi une manière de Lui dire que, au sacrifice du corps et dans l'intérêt spirituel, tu soupires après une intimité plus profonde et une pénétration plus intense de Son champ de grâce et de gloire. C'est pour cela que le jeûne comporte ordinairement un contenu beaucoup plus spirituel que matériel. Tu peux jeûner pour une situation de combat où la prière parait inadéquate, car l'interprétation spirituelle du jeûne détermine qu'il est plus efficace que les prières régulières. Lorsqu'on ne parvient pas à faire la différence dans le ministère, le jeûne est une prescription très appropriée. C'est l'un des points centraux de succès spirituels des personnes qui ont fait la différence dans leur époque, comme Moïse, Elie, Esdras, Daniel, Christ, Paul, etc.

Le jeûne doit avoir un but ! Mais, quand tu t'approches assez constamment du trône de Dieu dans la prière, Sa lumière éclaire tes imperfections, tes lacunes spirituelles et ministérielles, etc. Là, tu finis par être conscient de multiples buts qui t'attendent. La lumière du trône ne peut pas te traverser et te laisser sans des buts de prière et de jeûne. Autrement, il n'y a pas eu de profondeur dans la prière, car autant tu t'approches, autant la sainteté de Dieu te montre l'écart infiniment énorme de tes maladresses de toutes sortes, face à Sa perfection. Pour ce parcours d'apprentissage, le jeûne est une obligation. Au moins une fois le mois, tu as besoin de jeûner entre six, douze ou vingt-quatre heures. Tu dois en faire une partie intégrante de ta vie de prière. Tu ne réfléchis pas trop longtemps pour dire depuis quand tu as jeûné.

Pour les gens qui atteignent un certain équilibre dans leur vie de prière, le jeûne devrait être une fois par semaine. Autant que l'attraction de l'Esprit suscite la soif d'intimité profonde, et aussi souvent que tu le trouveras nécessaire de jeûner. Pour les temps plus longs, comme : trois jours, sept jours, quinze jours, trente jours, quarante jours et plus, il va falloir se laisser attiré par l'Esprit. Aussi faut-il s'assurer que le corps est en condition. Mais, les temps de jeûne devraient s'allonger au fur et à mesure. Cependant, les jeûnes de courte durée, entre six à vingt-quatre heures, devraient vite devenir quelque chose régulier dans ton programme de prière hebdomadaire.

Jésus a dit à ses disciple : « Mais cette sorte de démon ne sort que par la prière et par le jeûne » (Mat 17 : 21). Pourtant Jésus ne priait pas et il ne jeûnait pas non plus dans la situation. C'est tout simplement parce qu'il portait en lui, la grâce, la gloire, la foi et l'intelligence spirituelle nécessaires pour pouvoir exorciser le démon. Ses quarante jours de jeûne (Mat 4 : 2), ses moments nocturnes de prière et ceux d'avant l'aube, etc., Lui ont procuré le nécessaire (Marc 1 : 35 - Marc 6 : 46-48).

III - Se comporter en prière

Souvent la prière devient un moment qui fatigue les gens qui ne connaissent pas les principes qui s'attachent à elle; l'attitude n'en est pas la moindre. Tandis que l'activation et la croissance de ta vie de prière dépendent fortement du St-Esprit, mais ta participation ne peut pas être négligée. Car d'ordinaire, Dieu fait les choses en coopération avec toi. D'autre part, tu dois comprendre que tu t'approches d'un Dieu qui mérite la révérence ; donc, ton attitude doit montrer que la crainte émanant de ton esprit est exprimée par ton corps, sous les sensations de ton âme.

a) La disposition de l'esprit

Des trois parties que comporte l'homme, son esprit est celle qui est la plus mobile et la plus active. La communication avec Dieu demande une disposition de ton esprit. C'est vraiment anormal de laisser errer ton esprit en pensant à toutes sortes de choses pendant que tu pries. C'est une chose qui peut t'empêcher de trouver la présence de Dieu. Jésus a dit que les vrais adorateurs adorent en esprit… (Jean 4 : 24). Dieu est Esprit ; Il communique avec ton esprit. Lorsqu'une personne est sous la pression de la chair, sous l'emprise des soucis de la vie et des séductions des richesses du monde, c'est son esprit qui subit la charge quand elle prie. Dans cette situation, elle ne pourra pas bien grandir et maintenir une vie de prière dynamique. Car parler à Dieu n'implique pas seulement ton corps mais aussi ton âme et ton esprit.

Alors, tu devrais appliquer les principes de la préparation de l'esprit, c'est-à-dire, pensant aux attributs de Dieu, comme Sa bonté, Son amour, Sa miséricorde, Sa fidélité, etc. Cet exercice attire ton esprit dans le champ spirituel. Là, tu seras facilement pénétré par des sentiments et des désirs provenant de Lui. Ne laisse pas ton esprit divaguer comme si tu n'étais pas maître de ta pensée.

b) La concentration de l'esprit

Souvent le corps oblige une position et une atmosphère qui ne perturbent pas l'esprit. Prenons en quelques exemples : un vêtement trop serré, un endroit impropre, la poussière ou une mauvaise odeur dans le cas d'une personne allergique, trop de bruit, un rendez-vous attendu, etc. ; ces choses ne feront que nuire et empêcher la concentration de l'esprit. Tout cela pour te dire que ton corps peut aussi agir sur ton esprit. Donc, lors de la prière, il faudrait en tenir compte. Toutes les fois que la posture que tu prends n'exprime pas l'irrespect envers la majesté de Dieu, prends celle qui t'aide à mieux te concentrer, principalement au début de ton moment de prière. D'ailleurs, la plupart des activités qu'on entreprend, obligent une attitude correcte établissant le lien entre l'esprit et le corps.

La disposition se diffère de la concentration en ce sens qu'elle entend par là une sorte de préparation en s'accordant à des motivations nécessaires pour aller en prière, tandis que la concentration est le fait d'être capable de survoler toute éventuelle nuisance pour converger ses pensées vers le trône.

c) S'habituer à s'agenouiller

S'agenouiller est un signe de crainte en présence des autorités. Sur le plan spirituel, c'est un comportement de combattant. A la vérité, au commencement, ce n'est pas du tout une chose facile de rester pendant longtemps sur les genoux, mais tu dois t'y habituer; c'est une position de grande inspiration de l'esprit. Des hommes de Dieu ont perdu leurs genoux, mais le résultat est extraordinaire. Dieu prend plaisir à regarder des gens qui fléchissent les genoux par amour et par révérence pour Sa personne, car il est dit que devant Jésus tout genou doit fléchir.

d) S'habituer à s'allonger

Lorsqu'on est fatigué, tandis qu'on doit passer beaucoup de temps en prière, s'allonger est une position à adopter. Cependant, tu dois être certain de garder l'équilibre de l'esprit, pour ne pas te laisser aller à penser à autres choses, ou être emporté par le sommeil. C'est pour cela que tu dois être sûr que ton esprit reste éveillé, si tu veux prier tout en couchant. Ainsi, il faut éviter de t'étendre comme si tu te détendais, car trop de confort assoupit l'esprit humain. Mais c'est une attitude vraiment d'humilité de t'allonger sur ton *sac de prière* devant Dieu.

e) S'habituer à rester debout

Cette position est recommandée dans presque toutes les circonstances : Le sommeil, la paresse, le manque de concentration, la fatigue, le stress, les combats de courte ou de moyenne durée. Pour les combats de longue durée, il devient trop fatigant de rester sur les deux pieds, surtout si on n'a pas l'habitude de mener beaucoup d'activités en étant debout. Et si tu te sens très fatigué, tu peux quand même essayer en t'appuyant contre un support.

f) S'asseoir

Quand la fatigue t'empêche définitivement de rester debout, il faut s'asseoir. Mais là, tu dois faire attention, car s'asseoir peut enlever facilement la concentration dans ce cas-là. Ainsi, si tu t'assois pour prier, il vaudrait mieux te courber la tête ou bouger ton corps de temps en temps. Tu dois t'y habituer, parce que cela peut t'aider dans les moments d'occupation.

g) Les mains levées

Cette position est extraordinairement importante ! C'est un signe d'appel au secours, de domination, de louange, etc. Quand Moïse levait les mains, Israël était plus puissant qu'Amalek (Ex 17 : 11-13). Que ce soit pour louer, pour demander du secours à Dieu dans des situations difficiles, etc., tu dois souvent lever tes mains devant Lui, mais tout en t'assurant qu'elles sont innocentes et pures (Ps 24 : 4 ; I Tim 2 : 8).

IV - Les endroits pour prier

La prière se fait n'importe où. Donc, il ne doit y avoir un espace où tu ne peux pas prier, particulièrement pendant de courtes durées. L'essentiel est d'avoir ton esprit en prière. Cependant, se créer un endroit facilitant une meilleure concentration de l'esprit est important.

a) Chez soi

A la maison, quelle que soit sa taille, tu dois viser un endroit stratégique où tu peux planifier certains de tes moments de prière. Évidemment, dans les petites maisons qui logent plusieurs personnes, cela marche avec l'heure. C'est une question d'intelligence. Il y a des heures qui ne sont pas favorables lorsqu'on n'est pas indépendant. Mais si tu es indépendant, tu dois de toute manière en profiter.

b) Laisser sa maison

Parfois on a besoin de passer de longs moments de prière qui peuvent durer toute une journée et parfois des jours. Dans cette perspective, il n'est pas suggéré de rester chez toi, pour être certain de ne pas se faire déranger. Pour ceux qui habitent les maisonnettes, ce n'est aucunement pas encourageant. Parfois, si c'est un long moment de prière ou de jeûne, il vaudra mieux t'éloigner davantage. Il y a des moments, chercher Dieu te dépouille de tes proches en t'isolant loin de tes habitudes. Mais ne crains point ; quand tu reviendras, tu seras différent de la personne qui était allée.

V - La foi et l'efficacité

L'Apôtre Jacques a dit : « ***la prière de la foi sauvera le malade*** » (Ja 5 : 15). Dans Hébreux onze au verset premier, il est dit : « ***Or, la foi est une ferme assurance des choses qu'on espère, et une démonstration de celles qu'on ne voit pas*** ». Il faut bien comprendre d'abord ce phénomène. C'est comme un véhicule qui transporte tout ce qu'on apporte, à l'aller et au retour. Rien ne va auprès de Dieu et rien ne se déplace d'auprès de Lui sans la foi. La Bible dit que c'est par la foi qu'Abel a offert le premier né de son troupeau à Dieu. Donc ce n'était pas avant tout l'offrande en soi que Dieu agréait, mais surtout la foi qui la transportait et qui a produit en lui ce sens du respect pour Dieu. Jésus s'exclamait face à la foi de beaucoup de gens, donc il est évident qu'il leur apporte Son secours. Dans le monde spirituel de Dieu, rien ne marche sans ce moyen de transport, sans ce canal, sans la foi.

a) Croire que Dieu existe et croire qu'il reçoit favorablement les prières

La croyance a plusieurs dimensions : scientifique, historique, spirituelle, etc. Dans la relation entre Dieu et l'homme, c'est la dimension spirituelle qui est la plus importante. C'est une croyance personnalisée, qui ne se limite pas à de simples connaissances historiques ou scientifiques de l'existence de Dieu. Les démons croient aussi et ils tremblent (Ja 2 :19). Il s'agit de déposer ta personne comme un chèque sur le compte de Dieu ; c'est l'expression même de la foi qui donne naissance à la nouvelle créature. Si tu es sauvé, c'est parce qu'un jour tu as été convaincu par la Parole qui sortait de la bouche de Dieu, et qui a produit cette foi en toi. En t'approchant de Dieu, tu dois être autant certain qu'Il te reçoit favorablement. Inutile de passer ton temps à prier sans être sûr que Dieu désire tes prières. Il est indispensable de grandir dans ta foi jusqu'à ce que tu fasses l'équilibre nécessaire, pour rester debout dans ta communion avec le Seigneur, et pour aller plus en profondeur dans l'intimité. Car en priant, tu parcours le champ incommensurable de la présence de Dieu; l'efficacité de tes prières dépend très considérablement de ce véhicule.

b) La Parole de Dieu

« ***Ainsi la foi vient de ce qu'on entend et ce qu'on entend vient de la Parole de Dieu*** » (Ro 10 : 17). Ce verset repose la foi spirituelle sur la Parole de Dieu, c'est-à-dire, la Parole inspirée par le St-Esprit. Sur ce point, il ne s'agit pas seulement des lettres de la Bible, mais il inclut aussi le souffle de Dieu. Le rôle de l'Esprit, dans ce cas, est de faire comprendre la dimension spirituelle de la Parole en ouvrant les yeux spirituels de la personne qui reçoit cette Parole, soit par la lecture ou par le message ; c'est de là que vient la foi. Alors, tu dois te faire ami de la Parole de Dieu.

Lire, mémoriser, méditer et étudier la Bible sont des obligations spirituelles à tous les niveaux ; cela dit, il n'est pas normal de t'habituer à passer beaucoup de temps dans la prière sans t'accompagner de ta Bible. Tu n'auras pas d'évidence en parlant à Dieu qui te demande de Lui rappeler Ses promesses: la guérison par les meurtrissures de Jésus (Esa 53 : 6) ; marcher sur la puissance de l'ennemi (Luc 10 : 19) ; la porte pour sortir de la tentation (I Co 10 : 13) ; la résistance au diable (Ja 4 : 7) ; les requêtes (Marc 11 : 24); le pardon (I Jean 1 : 9) ; l'accompagnement et le support du St-Esprit (Ro 8 : 26 et 27) ; etc.

Tu dois connaître la Parole qui marche avec chaque circonstance de tes prières, mais elle doit provenir de la sincérité de ton cœur. Cela te permettra d'éviter la multiplication de vaines paroles ; or, Jésus a reproché cette attitude visant à se faire exaucer par force de paroles (Mat 6 : 7). La Bible dit : « ***Mon peuple périt parce qu'il lui manque la connaissance*** » (Os 4 : 6). L'ignorance de la Parole te fera la proie des ennemis de ton âme. Elle se révèle un handicap majeur à la vie de prière.

c) L’insistance et la persévérance

Jésus, pour exhorter les gens qui prient, à la persévérance et à l’insistance, a utilisé l’exemple d’un juge inique (Luc 18 : 1-6). L’insistance traduit une attitude d’espérance ; elle est basée sur une idée qu’on se fait, disant que ce qu’on cherche finira par être trouvé. Sur le plan spirituel, insister veut dire qu’*on a la foi qu’on finira par recevoir de la part de Dieu ce qu’on désire obtenir* ; toutefois, selon Sa Volonté. Lorsque tu pries et que tu mets à l’oubli, après un temps, ce que tu cherchais, cela peut être interprété de deux manières : soit que tu as un problème de foi ; soit que tu es exagérément indiscipliné dans ta conviction et dans l’organisation de ta vie de prière. Une telle attitude te fera perdre beaucoup de temps à prier en vain.

Des fois, on fait de sa relation avec Dieu quelque chose que Dieu doit diriger lui-même et tout seul. Mais tu dois reconnaître ta part de responsabilité dans cette relation. Il t’apporte tout le support possible pour que tu joues ton rôle, cependant Il ne le fera pas à ta place. Il faut suivre les buts de prière jusqu’à ce que tu trouves une réponse de Dieu. Cela est possible au moyen de la foi et par la discipline.

Dans cette partie s’inscrit un changement d’étape. Certains buts de prière requièrent le passage à une autre vitesse. Il convient de discerner si tu pries assez pour ce but. Dans la vie naturelle, l’importance et la nécessité, selon le niveau, obligent des efforts croissants et même des sacrifices extraordinaires. Malheureusement, dans la vie spirituelle, on veut tout déposer sur le compte de la miséricorde de Dieu par manque de compréhension des choses spirituelles. Le St-Esprit n’intercède pas pour toi quand tu ne pries pas ; cette intercession a une interprétation participative à tes prières, puisque ta minuscule intelligence ne peut pas percer les profondeurs infinies de Dieu.

Tu dois te soumettre à l’attraction de l’Esprit pour changer d’étapes dans tes prières quand cela se révèle nécessaire. Certaines fois, un but peut transformer de petits moments de prière en de longs moments. Et si cela n’est pas résolu, il est suggéré de passer à des moments de jeûne. Il faut persévérer. S’il n’y a pas d’obstacles, avec le respect de ces principes, tu ne manqueras pas de vivre l’efficacité de tes prières.

d) La patience

Certains besoins et désirs ont souvent tendance de nous enlever la patience dans nos prières. La patience est ce fruit de l'Esprit qui soutient ta persévérance. Tandis que tu dois insister avec ferveur dans tes requêtes, Dieu peut tester ta foi en t'éprouvant par le besoin d'attendre. *'Etre patient'* ne signifie pas *'se résigner'* ; plutôt, prouve une certaine maturité à souffrir en attendant la satisfaction d'un besoin. Si tu demandes une chose à Dieu, et parce que tu vois que le temps passe, donc tu décides de t'arrêter, en disant que Dieu le fera quand il le veut, ce n'est pas un acte de patience. C'est tout simplement le contraire.

C'est un peu paradoxal ! Tu dois insister et à la fois tu dois être capable d'attendre. Pourtant, il n'y a pas de contraste ; il s'agit de faire confiance à Dieu et de t'assurer que ton intimité avec Lui repose sur une base d'amour, disant que Dieu t'aime suffisamment et Il est assez fidèle à Ses promesses pour répondre à tes prières. Et si dans Sa souveraineté, Il ne répond pas encore, tu peux te fier à Sa Parole qui te demande d'insister, en gardant ton cœur patient dans l'amour. Car la Bible Dit : « ***L'amour est patient*** » (I Co 13 : 4). Si tu crois qu'Il tient toujours Parole, pourquoi ne pas être patient ? L'efficacité ne veut pas dire que tu pries, et qu'à l'instant même Il agit ; plutôt Il agira certainement! Le silence de Dieu t'oblige à être patient.

VI - Les buts de prière

Un but est un point que l'on vise. Dans les requêtes, on se propose toujours des buts. On ne peut ne pas en avoir ; cela ferait de nous des personnes qui prient mais qui n'ont point d'orientation. Ne pas avoir de buts décourage et affaiblit facilement l'élan de prière. Un but peut demander tout un arsenal pour y parvenir. On fait de grands efforts pour se discipliner et on va jusqu'à se sacrifier pour parvenir au terme des projections dans la vie naturelle. Mais on s'en fout des principes d'ordre spirituel nous portant à améliorer progressivement nos relations avec Dieu. A cause de cela, la vie de prière est parfois médiocre. Lorsque tu as des buts, tu dois les poursuivre avec ferveur. Néanmoins, cela exige parfois une augmentation du temps régulier de prière et même un changement d'étapes, comme il a été dit. C'est malheureux pour un chrétien de n'avoir pas de buts de prières en cours.

a) Différents types de buts

En grandissant dans ta vie spirituelle, tu deviens de plus en plus capable de discerner tes besoins spirituels. Les buts sont des projections vers la satisfaction de ces besoins. Il est important de regarder constamment ta vie dans tous les aspects possibles, comme : le fruit de l'Esprit (Ga 5 : 22) ; le type de cœur, Mat (13 : 4 -23) ; la démonstration d'Esprit et de puissance, (I Co 2 V 4 - Marc 16 : 17, 18) ; la maîtrise de la langue (Ja 3 : 1-12) ; la croissance dans la grâce et dans la connaissance de Jésus (II Pi 3 : 18) ; et tant d'autres, - tu verras que tes buts seront multipliés.

Quand tes activités marchent mal, fais-en un but pour l'amélioration ; quand elles vont un peu bien, fais-en un but pour qu'elles aillent mieux ; quand elles vont mieux, fais-en un but pour une meilleure gestion, selon le Seigneur. Il n'y a pas de domaines dans ta vie qui ne demande pas de but de prière. Cependant, il y a des but spéciaux, qui peuvent se classer périodiquement ; des buts urgents, qui obligent de décréter la constance dans la prière ; des buts spontanés, qui peuvent venir sans y avoir pensé d'avance ; des buts circonstanciels, c'est-à-dire, liés à une circonstance particulière; des buts réguliers ou permanents, qui peuvent être quotidiens et qui peuvent s'étendre sur une longue période, et même sur toute ta vie.

b) Les buts inspirés par l'Esprit

Il faut toujours avoir dans la tête que le St-Esprit est l'Entraîneur qui t'accompagne dans tes prières. Il connaît avec précision la nécessité de tes buts. Alors, Il est sans doute le mieux placé pour te donner des buts. Mais le problème, c'est d'être capable d'identifier Sa voix pour ne pas L'attrister à force de résister (*Voir l'intimité avec le St-Esprit*). Il parle à ton esprit sur des choses qui concernent ta vie passée, celles de ton présent et celles de ton avenir, dans tous les domaines.

Quand tu sens un vif désir de prier sur des choses sans que ton cœur ne soit pas pris dans le filet de la folie que construisent les convoitises, il s'agit de la voix de l'Esprit. Il peut communiquer avec toi à travers la lecture de la Bible, par des communicateurs de la Parole de Dieu, etc. C'est un bonheur de pouvoir comprendre Son langage. Il arrive parfois qu'Il donne de nouvelles orientations dans nos prières et dans nos ministères. Dans Actes 16 : 6 à 10, la Parole de Dieu nous rapporte ce qui suit : « ***Ayant été empêchés par le Saint-Esprit d'annoncer la Parole dans l'Asie, ils traversèrent la Phrygie et le pays de Galatie. Arrivés près de la Mysie, ils se disposaient à entrer en Bithynie; mais l'Esprit de Jésus ne le leur permit pas...*** ». Il te donnera sûrement des directives.

c) Se doter d'un carnet de prière

Un carnet de prière est un document te permettant de mieux régler ta vie de prière. Il inclut les personnes pour lesquelles tu intercèdes, les buts, les classements, les horaires, etc. Le préparer demande du temps. Il faut l'agencer avec tes occupations de façon à ne pas être incapable de le respecter. D'ailleurs, tu y ajoutes des buts au fur et à mesure. Toujours est-il, il demande des sacrifices auxquels la vie de prière ordinaire ne se soumet pas. C'est un moyen très sage de suivre les buts. Le carnet permettra de contrôler la régularité et la croissance de ta vie de prière.

VII - Les réponses à la prière

« ***Dieu parle tantôt d'une manière, tantôt d'une autre*** » (Job 33 : 14). Cela dit, tu dois apprendre à surveiller attentivement les réponses de Dieu. Parfois Dieu répond à l'instant même; certaines fois, dans un court temps qui n'est pas très long du moment de prière ; d'autres fois, dans un temps moyen; et enfin, après un long temps. D'où une autre nécessité de l'insistance et de la persévérance, car l'insistance est l'accélération de la foi quand la réponse tarde ! Tout compte fait, il faut accorder à Dieu le soin de te répondre à sa manière ; autrement, il va falloir le faire avec de profondes supplications. Ainsi, il convient de connaître les moyens par lesquels Dieu communique. En voici quelques-uns :

a) Les dons de communication

Les dons de communication sont accordés en vue de faire passer le message de Dieu à Son peuple, soit en prêchant, soit en enseignant, soit en exhortant, soit en dirigeant un service, etc. Tu dois profiter de ces moments pour chercher la réponse de Dieu concernant tes prières. C'est pourquoi, un communicateur de la Parole doit être lié en intimité profonde avec le St-Esprit. Dieu peut faire parler des pierres pour s'adresser à ses enfants, mais Il n'entend pas garder des arbres qui ne produisent pas (Marc 11 : 13, 20). De toute façon, par sagesse, écoute quand même.

b) La lecture de la Bible

Ici, il y a un conseil à prodiguer! Avant de lire la Bible, il serait nécessaire de passer à la prière ; et même pendant que tu la lis, il faut garder ton esprit en prière. L'actualisation des écrits bibliques se fait par le St-Esprit. La lecture de la Bible est un espace de dialogue où Dieu te communique des buts, où Il te donne des réponses à tes prières, etc. L'Esprit de Dieu peut souvent te remplir dans la lecture. Tu dois profiter de ces moments pour trouver des réponses à tes questions, car il est dit : «***Toute écriture est inspirée de Dieu, et utile pour enseigner, pour instruire, pour corriger…*** » (II Tim 3 : 16 – 17). Alors, tu ne te passes pas de la lecture de la Parole en attendant Ses réponses à tes prières.

c) La communication ordinaire

La Bible dit ceci : « ***Que votre parole soit toujours accompagnée de grâce et assaisonnée de sel, afin que vous sachiez comment il faut répondre à chacun*** » (Col 4 V 6). Ce verset comporte un double sens. D'une part, il t'exhorte à avoir la grâce de Dieu dans ton discours ordinaire, afin que ceux qui t'écoutent puissent jouir des bénédictions qui en sortent. D'autre part, il t'encourage à en jouir de la part des autres, car la Bible nous demande de nous exhorter les uns les autres (Hé 10 : 25). Ainsi, si tu veux consulter Dieu à travers cette source, ne reste pas en compagnie des gens qui ne parlent pas avec la grâce de Dieu (Ps 1 : 1-2).

d) Dans ton esprit par Son Esprit

Souventes fois, les réponses à tes prières te sont données avant même que tu termines ta requête. Là encore, tu dois comprendre quand l'Esprit de Dieu te parle. Si tu as un esprit d'enfant, à l'instar du petit Samuel (I Sa 3 : 1-10), si tu ne vis pas dans l'intimité avec Lui, ce sera vraiment difficile. Cela te plongera facilement dans la confusion, et tu vas continuer à prier pour une réponse déjà donnée. Ainsi, en priant il faut savoir prendre une pause, en adoptant une attitude d'écoute, particulièrement quand tu sens que quelqu'un est en train de te parler de l'intérieur.

e) Les songes et les visions

Dans le livre de Joël, la promesse des songes et des visions a été faite par l'Éternel. Mais depuis toujours, c'était un moyen que Dieu utilise pour communiquer des messages à son peuple (Jo 3 : 1 et 2 ; Job 33 : 14, 15 ; Act 10 : 1-11). Toutefois, il faut faire attention ; les songes ne viennent pas toujours de Dieu : la joie naturelle, la peur, l'obsession, le stress, les chocs psychiques, les forces démoniaques, etc. peuvent générer des songes et des visions.

f) Les corps célestes

La Bible ne manque pas de récits rapportant les messages de Dieu à Ses serviteurs par le canal des anges qui sont des messagers de Dieu (Luc 1 : 11-21 ; Luc 1: 26-33). A la naissance de Jésus, dans Luc 2 : 8-14, une multitude de l'armée céleste accompagnait l'ange délégué auprès des bergers. Le Seigneur Jésus Lui-même peut venir te parler. Il n'y a pas de limite sur ce point. Dieu peut parler à travers l'espace céleste ou à travers n'importe quel objet, comme ce fut le cas de Moïse dans le cadre du buisson (Ex 3 : 2). Mais avant tout, Sa volonté est primée.

g) La volonté de Dieu

S'il y a une chose que le chrétien doit comprendre et vite accepter dans ce domaine, c'est la volonté de Dieu. Le Seigneur, devant la coupe amère qu'il devait boire pour nous sauver, nous a donné l'exemple (Mat 26 : 36-46). Le fait de prier un peu ou beaucoup n'empêche pas la volonté de Dieu de s'accomplir. Dans ce parcours, tu dois apprendre à discerner Sa volonté dans tes buts. Les prières sous le feu de la convoitise ne sont pas dans la volonté de Dieu, car Dieu ne répond pas aux penchants charnels (Ja 4 v 1-5). Alors, c'est pour cela qu'il faut bien étudier tes buts en vérifiant leur mobile. Or, un but spirituel peut émaner d'un mobile charnel. Cependant tout peut être en règle, tandis que Dieu répond par la négative. Cela fait de Lui un Dieu Souverain, mais également un Dieu d'amour.

VIII - Les prières collectives

Dieu nous a appelés à la communion fraternelle. L'un des éléments caractérisant cette communion, c'est la prière collective. La prière collective est un moyen de s'unir fraternellement et d'apporter le réchauffement spirituel l'un à l'autre (Act 2 : 42).

a) Établir des liens pour des moments collectifs

Tu dois étudier la possibilité de trouver des chrétiens avec lesquels tu prends des rendez-vous réguliers pour prier ensemble. Par ailleurs, tu peux te faire plusieurs rendez-vous par semaine avec différents groupes. Cette activité aide beaucoup: du support aux moins dévoués, la réduction de possibilités pour pécher en parole, etc. Mais, le plus grand centre des moments collectifs de prière est ton assemblée.

b) La visite

Quand tu visites un bien-aimé, il est important de passer un moment de prière avec lui. Les chrétiens modernes ne pratiquent pas cette culture spirituelle. Pourtant, ta prière peut apporter une réponse attendue, et débloquer une situation. Tu ne devrais pas passer de longs temps sans visiter les autres, en vue de leur apporter ton soutien dans la prière, principalement si tu es au courant qu'une personne traverse un moment difficile. A noter que la générosité compte beaucoup dans ce cas. Si c'est toi qui reçois le moment, offre au moins de l'eau à cette personne-là. De toute manière, il y a des bénédictions qui en découlent.

c) Discuter sur des choses spirituelles, et intercéder

Dans tous les cas, il faut parler sur des choses spirituelles, en particulier sur la prière. Il peut être un moment pour aider l'autre à activer ou relancer sa vie de prière. Parle de la prière comme si c'était une chose ardemment recherchée et qui est maintenant retrouvée. Témoigne de l'amélioration dont jouit ta vie, par la grâce de Dieu. Ce comportement repoussera toute intention de calomnie et de médisance. Au contraire, si tu es au courant d'un bien-aimé dont la vie nécessite un toucher de Dieu, mentionne son nom pour passer un moment d'intercession en sa faveur, et demande aux autres de faire la même chose. Avec cela, tu te planteras dans un bon environnement spirituel immédiat qui garantira une recharge progressive en grâce.

IX - Éviter le gaspillage du temps

Dans cette route, il faut bien saisir que rien ne se fait hors du temps, puisque nous ne sommes pas encore dans l'éternité ; ceci étant dit, il ne s'arrête pas. Le temps est très précieux pour des gens de prière. Ils disent même : le temps est à la prière ! L'Apôtre Pierre a dit ceci : « ***La fin de toutes choses est proche, soyez donc sages et sobres pour vaquer à la prière*** » (I Pi 4 : 7). Tu dois limiter tout ce qui peut causer le gaspillage du temps d'intimité avec ton Dieu d'amour. Ainsi, les suivantes comportent des attitudes à adopter dans des situations relatives :

a) Les gens qui parlent de tout et de rien

Certaines personnes ne sont même pas conscientes de leur attitude bavarde ; c'est une habitude qui fait partie de leur vie. Mais toi, tu ne dois pas te laisser entraîner. Il faut te donner du cran pour dire que tu ne veux pas adopter cette manie-là, en essayant d'exhorter avec humilité ces personnes sur la notion de la préciosité du temps. Il y a des gens qui n'ont presque pas du tout de temps à cause de leurs travaux et de leurs études ; pourtant, quand ils parviennent à en trouver un tout petit peu, ils n'en profitent que pour plonger l'Esprit de Dieu dans la tristesse que Lui inflige leur oisiveté spirituelle. Les dialogues ont leurs durées, tu dois te chronométrer en vue d'économiser un peu plus de temps de prière.

b) Les loisirs

On ne peut prétendre ne pas avoir besoin des moments pour se détendre. La récréation est très vitale pour l'homme. Mais il y a une grande différence entre les loisirs d'une attitude païenne et la détente permettant de se refaire. Par exemple, on peut tous regarder la télé, mais on ne peut pas tous aimer le même programme, et on ne peut pas tous y passer la même quantité de temps. C'est quelque chose qui demande de l'intelligence. Le diable veut nous avaler tous nos temps à travers des programmes de loisirs inutiles. On peut écouter un bon morceau d'adoration comme loisirs. Être sur la terre ne veut pas dire que tu ne participes pas à la nature divine. Applique le Psaume premier dans ta vie. Rappelle-toi que ces principes n'ont rien à voir à la dite modernité.

c) Les dérangements

En priant, il peut toujours arriver des situations de dérangement. Tu ne dois pas admettre qu'on trouble ton moment de prière. Tu communiques avec Dieu ; pas avec un simple homme. C'est pour cela, tout ce qui peut servir de dérangement, tu dois les écarter de ta présence. En un mot, tout ce qui mérite d'attendre, doit pouvoir attendre, notamment : le téléphone, la famille, les visites, etc.

Chapitre II

LES TYPES DE PRIÈRE

Au regard de quelques textes des Saintes Écritures abordant le sujet de la prière, celle-ci tend à prendre plusieurs formes qu'on peut s'arroger le droit d'appeler « Types de prière ». Chaque type représente une sorte de relation que l'homme partage avec son Créateur, à travers laquelle il exprime : *son besoin d'intimité* ; *son besoin de pardon* ; *sa reconnaissance* ; *l'éloge dû à son Dieu, la révérence due à son Dieu*; *le partage de l'amour de son Dieu quant aux besoins de son prochain* ; *ses besoins personnels*. Le tout mis ensemble forme la prière, le contenu de l'expression humaine dans sa communion avec Dieu.

I- Intimité avec le St-Esprit[1]

Le mot intimité désigne la profondeur dans une relation. On peut avoir des relations, mais sans intimité. Généralement, jouir d'une intimité n'est pas un cadeau ; c'est quelque chose de très dynamique, qui évolue dans le respect de principes généraux des relations. Elle est fondée sur une base d'amour et de confiance. Pour mieux comprendre, on devrait lire le chapitre de l'amour (I Co13) ; et on devrait étudier le concept « confiance » en ce qu'elle représente dans la relation avec Dieu, au point de ne pas pouvoir obtenir le salut sans elle. En d'autres termes, pour qu'il y ait intimité propre entre deux personnes, l'amour et la confiance sont indispensables ; dans le cas contraire, il peut s'agir de toute autre chose, sauf intimité.

Début d'une intimité

Pour commencer une intimité, il faut au moins d'abord qu'*une relation soit établie* ; mais cette relation porte généralement un nom et a un contenu : elle peut être une relation conjugale, fraternelle, amicale, ou autres. On partage certaines confidences sur le plan sentimental, sur le plan professionnel, sur le plan familial, et on s'entraide généralement. C'est cette relation qui s'approfondit pour devenir une relation intime. Sur ce, le niveau de confidentialité s'accroit automatiquement, sans faire de grands efforts. Car c'est l'évolution dans la relation qui ouvre de plus en plus la porte.

Une meilleure connaissance de l'autre est aussi très importante pour commencer

1 L'intimité avec le St-Esprit n'est pas comprise comme étant un type de prière. Mais cette relation, sous forme de dialogue constant, est évidente pour développer une meilleure vie de prière, laquelle te conduira dans une intimité plus profonde avec Dieu.

une relation intime ; cependant, cela ne doit pas rester au niveau des expressions, mais il doit se manifester dans tout ce qu'on fait au fur et à mesure que la relation grandit. Cette connaissance progressive de l'autre permettra de mieux se comporter en évitant de lui infliger des souffrances, mais en faisant les choses qui lui font plaisir, en vue de pénétrer de plus en plus au cœur de cette intimité.

Sur le plan spirituel, il n'y a pas vraiment de différence ; bien que le St-Esprit soit extrêmement sensible. On parle beaucoup du St-Esprit ; néanmoins, très peu de chrétiens connaissent Son intimité ; certains n'y croient même pas. C'est le grand jeu du diable pour empêcher qu'une telle relation, après avoir été établie par la conversion, puisse être développée. Imaginons qu'une simple illumination du St-Esprit sur un passage peut apporter une compréhension sur une chose spirituelle que des dizaines d'années d'études ne sauraient réaliser.

La personne du St-Esprit et Son ministère

Le St-Esprit est la Personne de la Trinité Divine chargée de l'opération et de la manifestation des substances que donne la grâce de Dieu. En ce qui concerne la création, la Bible dit que toute chose a été faite par la Parole, qui est Jésus (Jean 1 :1-4). En Jésus est tout ce qui existe ! Mais le rôle de l'Esprit est de rendre manifeste et opérationnel ce que le Père, l'Ordonnateur de toute chose, fournit à travers la Parole ; «… ***à chacun la manifestation de l'Esprit…*** » (I Co 12 : 7 et 11, Mat 1 : 18). Il s'agit d'un seul Dieu, mais se révélant en trois personnes distinctes, dont l'Esprit, l'Administrateur de la dispensation de la grâce, est la personnalité à laquelle sont accordées beaucoup plus de sensibilités et d'affections. Sur ce, l'apôtre Jacques a dit : « ... ***Dieu aime jusqu'à la jalousie l'Esprit qu'il a fait habiter en nous*** » (Ja 4 : 5) ; l'Apôtre Paul a fait cette injonction : « ***N'attristez pas l'Esprit de Dieu***… » (Eph 4 : 30) ; et le Seigneur Jésus a dit : « ***… le blasphème contre le St-Esprit ne sera point pardonné***… » (Mat 12 : 31, 32).

Le ministère du St-Esprit sur la terre consiste à amener l'homme à Dieu. Dans cette mission, il y a deux étapes :

a) Atteindre l'homme, en le convaincant du péché, de la justice et du jugement (Jean 16 : 8). Jésus a dit que personne ne pourrait venir à Lui si Son Père ne l'attirait (Jean 6 : 44). Cette attraction est l'œuvre du St-Esprit à travers la grâce qui se trouve dans la Parole de Dieu, car la foi vient de la Parole (Ro 10 : 14-17), de la Parole inspiré par l'Esprit (II Pi 1 : 21). Dès lors, Il pose la marque de l'identification (Eph 1 : 13). Or, sans l'Esprit du Seigneur, le chrétien ne reçoit la confirmation de son salut; car, dit-il : « L'Esprit lui-même rend témoignage à notre esprit que nous sommes enfants de Dieu » (Ro 8 : 16).

b) L'autre étape est d'amener l'homme régénéré « ***…à l'unité de foi et de la connaissance du fils de Dieu, à l'état d'homme fait, à la mesure de la stature parfaite de Christ*** » (Eph 4 V 13). Pour ce faire, il applique différents procédés, comme : la distribution des dons spirituels, (I Co 12 : 4-11 et Eph 4 : 12); l'accompagnement et l'attraction dans la prière (Ro 8 : 26-28) ; les illuminations et les révélations dans l'enseignement de la Parole de Dieu (Jean 16 : 12, 13); l'émission de la connaissance de la personnalité divine (Jean 15 : 26) ; le don de puissance pour mener la vie spirituelle et le ministère (Act 1 : 8); etc.

Connaître le St-Esprit dans l'intimité

Pour que ces choses citées ci-dessus soient effectives, la compréhension de la personnalité du St-Esprit et Sa manière d'opérer sont indispensables. Tu peux toujours mener ton ministère et ta vie chrétienne ordinaire ; tu peux souvent parler de grandes choses décrites dans la Bible, et tant d'autres qu'ont vécues des personnes qui vivent encore ; pendant que ton ignorance blesse l'Esprit de Dieu ; puisqu'il veut que tu Le découvres dans ta propre vie.

Pour connaître Sa sensibilité, Sa disposition de te conduire constamment devant le trône pour une accumulation progressive de grâce, Son désir et Ses stratégies de ta croissance à tous égards, la volonté de Dieu dans chaque situation de ta vie, etc., les lettres de la Bible ne suffisent pas. Nous savons certes que la Bible nous parle du St-Esprit, mais nous ne parviendrons jamais à Le connaître personnellement et profondément sans Son aide. Ainsi donc, la solution est dans l'intimité, car c'est là qu'Il finira par Se révéler à toi.

Jésus et le Père ne sont pas sur terre, sauf dans l'expression de leur omniprésence. En matière de Ministère divin, c'est le St-Esprit qui administre l'église, l'épouse du Seigneur. Dans le cadre de la prière, les trois personnes de la trinité peuvent être priées, bien que les requêtes soient adressées particulièrement au Père. Le problème chez beaucoup de chrétiens, c'est que leurs prières s'accentuent essentiellement sur la pétition, en demandant à Dieu sans cesse des choses pour satisfaire leurs désirs couramment charnels. Une pareille attitude ne facilite absolument pas le dynamisme dans la vie de prière. Comment avoir un père, pour penser que ta relation avec Lui peut se fonder principalement sur des demandes? C'est malheureusement ce qui se passe, et qui traduit un comportement égoïste, en voulant pour eux et non pour Dieu et pour les autres (Mat. 22 : 37). A ce niveau, ils ratent les merveilles qui sont cachées dans la prière. Car la prière est non seulement multidimensionnelle, mais aussi a des formes multiples.

L'intimité avec le St-Esprit est un rapport profond qui s'établit spécialement dans la communication : tu Lui parles et Il te parle, mais cela ne reste pas là. En tant qu'un ami, un conseiller, un consolateur, Il représente ce que Jésus a représenté pour Ses disciples pendant Ses trois ans de ministère. D'ailleurs, pour bien comprendre cette intimité, il va falloir bien saisir l'intimité qui existait entre Jésus et Ses disciples. Jésus était disposé et disponible pour eux, mais chacun en profitait à un niveau différent. De fait, il advenait que Pierre, Jacques et Jean étaient devenus Ses plus intimes. Y avait-il du favoritisme en Jésus ? Absolument pas ! Mais c'était au disciple de profiter de Sa présence. Jésus ne repoussait pas l'intimité ; au contraire, Il l'attirait, mais la personne qui en bénéficiait, avait son rôle à jouer.

Maintenant, pour combler Son absence d'époux, Il se fait substituer par le St-Esprit ; ce que traduit l'image de l'hôtellerie (Luc 10 : 30-36). Jésus le bon Samaritain t'a laissé entre les mains du St-Esprit afin de prendre soin de toi. La Bible rapporte que l'Apôtre Jean savait poser sa tête sur la poitrine de Jésus. Quelle intimité ! Le St-Esprit n'est pas une machine, c'est une personne plutôt très sensible, qui partage ce genre d'affection. Peut-être dirais-tu que l'Esprit de Dieu n'a pas un corps physique. Cette pensée signifierait que tu fonctionnes par la vue, et non par la foi: as-tu déjà vu Dieu le Père ? Le St-Esprit veut produire en toi Son fruit : l'amour, dans toute l'acceptation du terme ; la paix dans des situations troublantes de ta vie ; la joie, dans la souffrance amère ; etc. Tu es capable de dire au St-Esprit : Je me sens triste ! Je me sens troublé ! Je veux en parler au père, je te prie de m'accompagner. Bien-aimé, si tu connaissais les merveilles qui se cachent dans ce rapport !!!?

L'intimité réclame de la causerie permanente. Au moment d'un type de prière s'adressant au Père ou à Jésus, tu peux te sentir incapable de prier ; parle-Lui de cette incapacité. Partage ta joie ou ta tristesse avec Lui en parole ; Il représente ton Seigneur Jésus. Tu peux passer des heures à dialoguer avec le St-Esprit ; tu peux Lui poser une infinité de questions sur la Parole de Dieu. Si tu es sincère dans cette intimité et que tu y as mis ta foi, sois certain qu'Il te répondra. Une fois que cette intimité est fondée, Il ne te permettra pas de passer tout ton temps à prier pour tes « besoins personnels terrestres » ; Il accomplira Matt 6 : 33 dans ta vie de prière. Car son but primordial, après ta conversion, est de t'accompagner pour que tu deviennes un élément important du royaume de Dieu. Mais cela demande que tu renonces à tout pour Jésus (Luc 14 : 26, 27).

Comme j'ai dit tantôt, il s'agit d'un dialogue. On ne peut pas définir et limiter les manières dont l'Esprit se fait entendre. Mais beaucoup de chrétiens qui en font l'expérience, partagent ce qui suit : Il communique le plus souvent avec ton esprit, n'importe quand, mais pour certains, surtout au moment de la prière. Ainsi, si tu as une vie de prière constante, tu découvriras qu'Il te parle beaucoup plus que toute autre personne te parle.

Au niveau de ton âme, Il peut te produire des émotions de regret, de joie intense, d'amour et de haine dans des situations spéciales et de désir ardent de la connaissance de Dieu. En réaction sur le corps, des pleurs de toutes sortes peuvent surgir, des visions peuvent apparaître, de nouvelles langues peuvent être accordées, de grandes secousses peuvent s'imposer. Il va jusqu'à faire de grands impacts dans l'environnement où Ses opérations sont en train d'être effectuées, comme par exemple, des brises, des fumées de gloire, des guérisons, des miracles et des secousses au niveau de l'espace. C'est pourquoi, dans le contexte visuel, on parle ordinairement de l'acte, de l'opération ou de la manifestation du St-Esprit ; même quand l'acte du St-Esprit ne se révèle toujours visible. C'est Lui l'opérateur, qui rend manifestes les promesses de Jésus en Marc 16 : 17, 18.

Cependant, tu ne peux pas le tromper (Act 5 : 3); sois plutôt sincère. Quand tu sens en toi, le désir d'exploiter Son intimité pour faire la vedette, dis-le Lui ; Il connait déjà les mauvaises pensées qui te tricotent comme des insectes ; Il veut te conduire devant le trône pour puiser des substances spirituelles positives pouvant détruire ce genre d'impuretés. Alors, il faut savoir aussi que l'Esprit de Dieu est Saint ; Il ne tolère pas d'impureté ni de malhonnêteté dans ta vie. Les choses contraires à la Parole de Dieu le blessent, et souvent amèrement.

C'est une relation très fragile qui te demande de jeter tes mauvaises habitudes, comme : passer trop de temps dans des loisirs ; regarder et écouter de mauvaises choses, qui jettent des substances spirituelles négatives en toi ; partager ton cœur au fanatisme ; te planter dans la compagnie des gens qui ne constituent pas un environnement spirituel saint ; garder des péchés non confessés, appliquer les styles mondains, comme les modes, les langages… ; pratiquer un péché ; et j'en passe. Écoute, une simple erreur de langage peut attrister le St-Esprit, voire ces choses citées, leurs semblables et les pires.

II- La Confession

La confession est l'acte de confesser ; le mot a plusieurs sens, comme : *confesser* le nom de Jésus pour être sauvé, Synonyme d'*invoquer* ; *confesser* le nom de Jésus devant les hommes, synonyme de *proclamer*. Mais ici, on parle de confesser qui signifie : ***déclarer, avouer*** ses erreurs et ses fautes. En fait, déclarer ses péchés : faire ce que la Parole de Dieu interdit de faire ; ne pas faire ce qu'Elle te demande de faire ; ou faire une chose sans conviction. En somme, désobéir à Dieu. Dieu te donne des prescriptions auxquelles tu dois te soumettre, et cela, sans logique humaine. Une fois que tu violes une de ces choses, tu pèches, et tu deviens en difficulté dans ta communion avec Lui, avec le St-Esprit. Car tu es appelé à la sanctification, et non au péché. Souviens-toi : sans la sanctification, tu ne verras pas le Seigneur (Héb 12 : 14).

Confesse tes péchés

Maintenant, après être imprégné par cette doctrine, la sanctification, s'il arrive que tu commets un péché ou du moins tu en remarques dans ta vie, tu dois vite le confesser, en te repentant d'abord. Si tu confesses un péché duquel tu ne te repens pas vraiment, tu as la malheureuse possibilité de commettre ce péché une énième fois, encore et encore. David est un exemple pur de cœur repentant dans le **Psaumes 51** ; il a eu son esprit brisé et son cœur contrit. Sur ce point, il est important que tu demandes à Dieu de rendre ton cœur contrit et brisé face au péché, pour qu'au début de tes moments de prière, l'alarme du malaise soit sonnée dans ton esprit. Tu ne dois pas attendre de longs moments de prière pour confesser. En menant une vie de prière, tu dois être comme un soldat en guerre quant au péché. Tu surveilles dans toutes les circonstances, la moindre erreur doit être confessée, et tu te bats afin qu'elle ne se reproduise dans ta vie. Les péchés non confessés t'éloignent de Dieu, car Il ne pourra pas t'écouter. Le prophète Esaïe a reproché le peuple d'Israël d'avoir passé leur temps à chercher Dieu, tandis que leurs péchés empêchent Dieu de les écouter (Esa 59 : 1, 2).

Par ailleurs, Il y a des péchés qui sont plus faciles à être commis que d'autres. Mais aucun péché ne doit attendre pour être confessé. Et quand tu confesses, tu dois dire exactement ce que tu as fait, et rien de plus. Ce ne sont pas de belles paroles qui te feront exaucer, mais ta repentance sincère. Tu confesses n'importe quand, soit au début de tes prières, soit pendant, soit à la fin ; il suffit que l'Esprit de Dieu sonne l'alarme, tu dois le faire. Ainsi, si tu viens de passer une journée troublante, et que tu vas prier, il te faudra prendre ton temps pour réfléchir, et demander au St-Esprit de t'aider à te rappeler des éventuelles erreurs commises, pour les confesser avant de passer à un autre type de prière.

L'assurance du pardon

Dans l'Ancienne Alliance, il a fallu des sacrifices d'animaux pour couvrir les péchés. Mais, Christ a pénétré le saint des saints une fois pour toute avec son propre sang, qui peut te blanchir même si ton péché serait comme le cramoisi, en vue d'effacer tes œuvres mortes (Hé 9 : 11-14). Tu comprends ? Le sang de Jésus a été versé uniquement à cause du péché de l'homme. Le rédempteur t'a racheté à un grand prix, Son sang. Maintenant il est à la droite de Dieu en tant qu'intercesseur pour toi (Hé 7 : 25, 26). La Parole de Dieu nous dit: « ***Si nous confessons nos péchés, Il (Dieu) est fidèle et juste pour nous pardonner nos péchés et nous purifier de toute iniquité*** » (I Jean 1 : 8-10 ; 2 : 1, 2)

Cependant, la personne qui confesse doit être imbue d'une chose très importante qui peut bloquer la voie au pardon. D'ailleurs, quand tu confesses, tu ne fais que chercher le pardon de Dieu pour Lui avoir désobéi. Alors, la Bible nous montre dans Matthieu six que si nous ne pardonnons pas aux hommes leurs offenses, Dieu ne nous pardonnera pas non plus. Parfois, notre cœur est très lourd quand quelqu'un nous blesse ; cela nous donne la sensation d'être incapable de lui pardonner. Et naturellement, il nous semble avoir raison de ne pas vouloir lui pardonner, surtout quand nous sommes abusés.

Si dans notre confort naturel cela parait très logique, sur le plan spirituel, c'est le désavantage absolu. Car nous devons admettre, de notre côté, que nous blessons le Seigneur assez souvent et profondément. Le pardon rend l'offenseur libre. Ainsi quand nous péchons, nous cherchons le pardon de Dieu pour nous libérer du fardeau de ce péché. Autrement la culpabilité nous emprisonne et nous anéantit petit à petit. Alors si nous devons aimer le prochain comme nous nous aimons, pourquoi le laisser prisonnier du besoin de notre pardon ? Au contraire, il est intéressant de lui offrir le pardon. Alors si tu ne te sens pas capable, demande à Dieu de t'accorder Sa grâce de pouvoir l'admettre et le pratiquer en toute sincérité. Car il n'y a absolument rien qui puisse être comparé à l'ignominie qu'a enduré le Seigneur à notre place, afin que nous jouissions du pardon auprès du Père.

Dans l'autre sens, si c'est toi l'offenseur, point n'est besoin d'attendre. La Bible dit ceci : « ***Si donc tu présentes ton offrande à l'autel, et que là tu te souviennes que ton frère a quelque chose contre toi, laisse là ton offrande devant l'autel, et va d'abord te réconcilier avec ton frère ; puis viens présenter ton offrande*** » (Mat 5 : 23-24). Nous devons éviter de nous tromper nous-mêmes ; la Parole de Dieu nous recommande de chercher la paix avec tous. Des deux sens, les offenses enlèvent la paix et atténue l'amour ; donc, il faut les confesser et les pardonner, avec sincérité de cœur.

Mise en garde contre le péché

La confession n'ouvre pas une porte au chrétien en lui disant : entre et pèche ; et après tu pourras confesser. Tu ne dois pas tolérer le péché dans ta vie sous aucune forme. D'ailleurs, à cause de la présence du St-Esprit en toi, le péché doit te troubler profondément; et cela va automatiquement briser ta communion avec Dieu, et t'empêcher de prier convenablement. Tu ne dois pas admettre qu'il ruine ta vie de prière. C'est pourquoi, tu dois constamment inventorier ta vie au moyen de la Parole de Dieu, et tu dois être sérieux avec toi-même, car le péché a ses conséquences.

La Bible rapporte les horribles souffrances que David devait endurer pour l'adultère, le meurtre d'Uri et le dénombrement du peuple de Dieu (II Sa 12 : 15 ; 24 : 10-13). Dans ce cas, que se passera-t-il pour la pratique du péché (Gal 5 : 19-21)? L'Apôtre Paul, connaissant la mauvaise vie des Corinthiens, au point de participer au repas du Seigneur sans discernement, a écrit : « ***C'est pourquoi, il y a parmi vous beaucoup de maladies et d'infirmes, et qu'un assez grand nombre sont décédés*** » (I Co 11 : 30). Dans I Pi 1 : 15, 16, il est dit ceci : « ***Puisque Celui qui vous a appelés est Saint, vous aussi soyez saints dans toute votre conduite, selon qu'il est écrit : vous serez saints, car Je suis Saint*** ». Donc, il te faut résister jusqu'au sang (Héb 12 : 4).

III- Le Remerciement (Actions de grâces)

Remerciement est dérivé du verbe « *remercier* », qui veut dire « *exprimer sa gratitude* » envers quelqu'un, lui dire merci pour quelque chose qu'il a fait. Ce type de prière est on ne peut plus important. Sauf l'ingratitude extrême qui ne reconnaît pas que Dieu est infiniment digne de remerciements. A cause de la mauvaise habitude d'accentuer la vie de prière sur leurs besoins personnels, des chrétiens négligent leurs devoirs d'exprimer la gratitude envers Dieu. Nous chantons « *Compte les bienfaits de Dieu…* », mais nous ne Le remercions pas assez pour Ses bienfaits.

L'heure est venue de faire de ce type de prière une réalité dans ta propre vie. Comment arriver devant le trône de Dieu avec seulement quelques minutes de remerciement par jour? Quand une personne fait de grandes choses pour toi, il suffit de t'en souvenir pour que ton cœur chante la gratitude. La prière de remerciement peut s'adresser à *Dieu en une seule personne et à chaque personne de la trinité* ; elle peut exprimer *la gratitude générale et une gratitude spécifique* pour tout ce que Dieu a fait pour toi.

Remerciement à Dieu

Souventes fois, et c'est compris, quand le chrétien dit 'Dieu', en prière, il voit la trinité complète, en s'adressant au Père. C'est bien de décerner ses remerciements de la sorte, or Dieu n'est pas divisible, mais si la finesse spirituelle voit la nécessité de le faire à l'endroit de chaque personne, de manière particulière, c'est même très bien. Car le Père mérite d'être remercié de nous avoir fait le don de Son amour à travers Jésus-Christ ; Jésus le mérite pour avoir quitté Son trône et pour être venu prendre la mort à notre place et pour prendre constamment notre défense auprès du Père; et le St-Esprit le mérite pour l'accompagnement, l'encadrement, l'enseignement permanent qu'il nous donne.

L'expression de gratitude :

La gratitude générale consiste à dire merci pour des choses qui se passent dans la vie de façon permanente, comme : la respiration, le sommeil, le réveil, les sorties et les rentrées, les soins du corps, la sécurité, l'intelligence d'apprendre, la progression dans les affaires, la santé, la famille, l'église, les persécutions, la résistance au diable, le fonctionnement de chacun des sens, le nom écrit dans le livre de vie, aucune erreur (grave) pendant le jour, des progrès spirituels, et tant d'autres.

La gratitude spécifique exprime un remerciement pour des choses bénéficiées dans un cadre spécifique, comme : une victoire remportée la nuit dernière, une attraction pour passer plus de temps en prière, une illumination dans la lecture de la Parole, une douleur calmée, un honneur pendant le jour, un conseil salutaire, la sortie d'une tentation, la sortie d'un accident, la résolution d'un problème qui ne pouvait pas attendre, un bienfait en faveur d'une personne, le rétablissement spirituel ou physique d'un bien-aimé, etc.

En outre, Tu peux te mettre à penser de tout ce que tu vis de spécial pour en faire des sujets d'actions de grâces à Dieu. La vie de prière n'est pas obligée d'être vague ; or Dieu n'est pas vague. Le carnet de prière est extrêmement utile dans ce cas. Parfois les habitudes nous tiennent à faire les choses de Dieu comme si Dieu ne veut pas de ce qui est bien fait. Si tu connaissais les précisions et les régularités des lois physiques auxquelles le soleil se soumet, tu comprendrais que Dieu désire ton évolution dans tous les domaines situés dans Sa Volonté. Il va falloir apprendre à faire des listes de sujets de remerciement afin que tu t'y habitues. Honnêtement les moments de remerciement peuvent combler vraiment des heures si cela se fait avec les soins qu'enseigne l'Esprit de Dieu. Il est question de te laisser discipliner. Le St-Esprit peut te conduire à prendre deux ou trois de ces sujets d'actions de grâces pour passer plusieurs heures dans ce type de prière. Ce n'est pas une théorie, les expériences le confirment. Dieu mérite de ta reconnaissance pour tous Ses bienfaits envers toi.

Tu n'as pas besoin d'être en train de passer un moment spécial de prière pour plonger ton cœur dans le remerciement. Tu ne dois pas être prisonnier de tes besoins personnels, au point d'ignorer l'infinie richesse de Dieu à ton égard. Complète ta liste des bienfaits de Dieu dans chaque aspect de ta vie. Je l'avais bien dit : l'amour de la prière te pousse à faire de grands efforts dans le cadre de l'organisation et de la discipline de ta vie de prière. Remercie-Le pour cette opportunité !

IV- La louange

La louange est une expression orale d'un chrétien qui parle de la grandeur, de la magnificence, de la sainteté, des miracles, de la bonté de Dieu, etc. Il fait des éloges pour Dieu et il les Lui adresse directement. Alors, c'est le fruit des lèvres qui confessent le nom de Dieu (Hé 13 : 15).

Dieu est digne de louange

Lorsqu'on contemple la nature, l'univers dans son ensemble, on voit ce qu'aucun être vivant ne peut faire, si ce n'est Dieu Lui-même. Que cela soit en passant, il y a de bonnes œuvres qui méritent d'être louangées. Tout auteur aimerait qu'on mette en valeur sa réalisation, qui est souvent périssable malheureusement. Toi aussi d'ailleurs ! Mais que peut-on dire de Dieu pour les plus de cent millions de galaxies différentes, estimant les astronomes, dont chacune contient très approximativement trois cents milliards d'étoiles? Une fois au moins qu'un seul de tes sens fonctionne, il te montrera le chemin de la louange.

Même les naturalistes athées, ignorant l'existence de Dieu, ne peuvent pas ignorer cet univers que Dieu a orchestré. Pour être honnête, si on veut parler de Dieu, il n'y a absolument pas de raison de se casser la tête. Denis Diderot, philosophe français, a dit ceci : « *L'aile d'un papillon et l'œil d'un moustique suffisent pour confondre tous ceux qui nieraient l'existence de Dieu* » ; et le prix Nobel physicien, Alfred Kastler, a déclaré : « *L'idée que le monde, l'univers matériel, s'est créé tout seul me parait absurde. Je ne conçois le monde qu'avec un Créateur, donc un Dieu. Pour un physicien, un seul atome est si compliqué, si riche d'intelligence, que l'univers matérialiste n'a pas de sens* ». *Cours BibleDoc, L'existence de Dieu, Niveau 1. 1. Page 1 et 2. Bibledoc.com 2005*

Dans le cadre de la dédicace du temple, la Bible nous dit ce qui suit : « ***…, Dieu habiterait-il véritablement avec l'homme*** » (II Chr 6 : 18) ? Dieu n'habite pas de temples faits par la conception de l'homme mais de celle de Dieu. Dans le Nouveau Testament, il est dit : « ***Ne savez-vous pas que votre corps est le temple du St-Esprit qui est en vous***… » (I Co 6 : 19) ? Définitivement, Dieu habite en toi, donc tu dois être un temple de louange qui parle sans cesse de Ses bienfaits dans le monde et en particulier en toi et pour toi.

Les effets de la louange

Imagine seulement que le Dieu qui a tout créé, habite un endroit ; qu'est-ce qui s'y passe ? L'extraordinaire ! Merveilles inexprimables ! C'est ce que fait la louange, quand elle est sainte. Une vie de louange est une vie heureuse, remplie de la présence de Dieu ; c'est une vraie vie de victoire, qui met pratiquement sous contrôle les forces adverses. Paul et Silas en prison, avec l'intercession de l'église, ils louaient dans la prison, un tremblement de terre a ébranlé les fondements, de sorte que les portes s'ouvraient (Act 16 : 23-26). Les murailles de Jéricho sont renversées devant les cris de louange du peuple de Dieu (Jos 6 : 15, 16). La louange instrumentale de David calmait le mauvais esprit dans la tête de Saül (I Sa 16 : 23). La louange est une force dans les combats (Ps149 : 6). La louange délivre le croyant de tous ses adversaires (Ps 18 : 4).

En fait, *qui ne loue pas ne lutte pas* ! Tu vois comment c'est misérable qu'un chrétien consacre la majorité de son temps de prière dans la pétition, en oubliant les autres aspects de la prière. C'est ce qu'a expliqué Jésus en Matt 6 : 33, « *chercher l'intérêt de Dieu, et le tien viendra par-dessus* ». On ne peut pas être appelé à un travail, en y arrivant, on met à l'oubli le travail à faire pour se perdre dans l'obsession de la récompense personnelle qui en découle. Il faut être sage et intelligent. Un patron sensé n'a aucun problème à verser le salaire quand l'œuvre produite fait la joie de son cœur. Ne prie plus à l'envers du sens de la prière ; ce n'est pas toi qui comptes d'abord, mais Dieu.

Voici ce que Jésus a dit dans l'enseignement sur la prière : « ***Notre Père qui es aux cieux, que ton nom soit sanctifié***… » ; c'est une expression de louange et d'adoration, qui demande que le nom de Dieu soit mis à part, soit considéré, soit honoré, soit respecté, soit exalté, etc. Il faut reconnaître qu'on commence habituellement la prière avec des termes de louange ; mais souvent, cela s'arrête là, même si on passe toute la journée à prier. Ou du moins, on se contente de dire : Béni soit l'Éternel ! Gloire à Dieu ! Loué soit l'Éternel !, à travers des cris à répétition. C'est très bien ! Mais, la louange ne se limite pas à ce niveau. Et l'Esprit de Dieu en souffre atrocement. Tu ne dois pas laisser à tes besoins personnels le soin de te barrer la gloire de Dieu : c'est de l'idolâtrie et de l'idiotie ! Ta vie ne dépend pas principalement de tes besoins, mais de Dieu qui peut te les satisfaire. Ta vie de louange, si elle est vraie et sincère, transformera ton monde.

Maintenant, c'est ton tour de lire les Psaumes de louanges, comme les Ps. 145 à 150, et d'autres passages bibliques, pour en tirer des expressions propres. Il doit y avoir tellement de bienfaits de Dieu dans ta vie, dans celles de tes proches et autour de toi, pour lesquels Dieu est digne d'être loué. La louange n'inspire pas le chagrin, et ne marche pas non plus avec une attitude pareille. La louange est la joie, la gaieté, la danse, la musique, l'espérance, la foi, la gloire, la force, le triomphe ; ainsi, le calme est apparent, mais sur le plan spirituel, c'est l'explosion.

Si l'adoration est l'expression particulière du cœur, l'expression du corps compte beaucoup dans la louange. Donc, commande tout ton être de Le louer, comme a dit le Psalmiste : « Mon âme, bénis l'Éternel ! Que tout ce qui est en moi bénisse Son Saint Nom ». Cependant, tu dois toujours te rappeler que Dieu est Saint ; Il reçoit de toi seulement des choses saintes.

V - L'adoration

L'Éternel n'a pas cessé de donner des mises en garde à Israël, qui n'a malheureusement pas arrêté de Le blesser, en ce qui concerne le rapport de cœur avec d'autres dieux : «***Vous n'irez point après d'autres dieux, d'entre les dieux des peuples qui sont autour de vous; car l'Éternel, ton Dieu, est un Dieu jaloux au milieu de toi*** » (Deu 6 : 14, 15) ; «***Je suis l'Éternel, c'est là mon nom; et je ne donnerai pas ma gloire à un autre, ni mon honneur aux idoles***» (Esa 42 : 8).

Ainsi, on peut dire que l'adoration est le fruit du cœur, un cœur attaché complètement à son Dieu jaloux, qui n'accepte pas le partage de l'estime, du respect et de l'admiration qui Lui sont dus. L'Apôtre Jean a dit qu'on ne peut pas avoir de l'amour pour Dieu tout en étant amoureux du monde (I Jean 2 : 15, 16). Et l'Apôtre Paul nous exhorte en ces termes: «***Car je suis jaloux de vous d'une jalousie de Dieu, parce que je vous ai fiancés à un seul époux, pour vous présenter à Christ comme une vierge pure***» (2 Co 11 : 2).

Le sens païen du terme

Le terme « *adoration* », pris dans son sens étymologique, signifie proprement « *l'acte de baiser quelque chose en le portant à sa bouche* ». Dans l'Ancien Testament, il avait un sens d'hommage religieux que l'on rend à une divinité. L'adoration était différente suivant la nature des cultes eux-mêmes. Chez les païens, elle consistait à se couvrir d'un voile, à mettre la main sur la bouche et à faire plusieurs fois le tour de l'autel ; comme cela se présente dans ces versets :« ***Si j'ai regardé le soleil quand il brillait, la lune quand elle s'avançait majestueuse, et si mon cœur s'est laissé séduire en secret, si ma main s'est portée sur ma bouche; c'est encore un crime que doivent punir les juges, et j'aurais renié le Dieu d'en haut !*** » (Job 31 : 26, 27). Et dans I Rois 19 : 18 : « ***Je me suis réservé 7 000 hommes de reste en Israël, savoir, tous ceux qui n'ont point fléchi leurs genoux devant Baal et dont la bouche ne l'a point baisé*** ».

Le sens spirituellement propre du terme

Le sens propre du mot « *adoration* », comme il a été révélé dans Deutéronome 6 : 5, dénote que le cœur des enfants de Dieu doit s'attacher à Lui. Ainsi, la réponse de Jésus à la femme Samaritaine a montré que l'adoration part du cœur, à travers les termes ''en esprit et en vérité''. La Samaritaine a dit : « ***Nos pères ont adoré sur cette montagne ; et vous dites, vous, que le lieu où il faut adorer est à Jérusalem. Jésus lui répond : Femme, crois-moi, l'heure vient où ce ne sera ni sur cette montagne, ni à Jérusalem que vous adorerez le Père. Vous adorez ce que vous ne connaissez pas ; nous, nous adorons ce que nous connaissons, car le salut vient des Juifs*** » (Jean 4 : 20-24).

Il s'agit de l'Esprit de Dieu gouvernant ton esprit et plaçant la Vérité (Christ) au fond de l'âme, comme l'a dit David. L'adoration n'est pas synonyme de la crainte (peur), mais l'amour véritable pour Dieu. Car, « ***La crainte n'est pas dans l'amour, mais l'amour parfait bannit la crainte ; car la crainte suppose un châtiment, et celui qui craint n'est pas parfait dans l'amour*** » (I Jean 4 : 18). L'Apôtre Paul a dit : « ***Et vous n'avez pas reçu un esprit de servitude, pour être encore dans la crainte, mais vous avez reçu un Esprit d'adoption, par lequel nous crions : Abba ! Père !*** » (Rom. 8 : 15).

L'adoration provient d'un sentiment d'affection pour Dieu dans l'amour, mais non dans la peur. Ce n'est pas essentiellement *prosterner le corps*. Or, si on se prosterne et que le cœur est rempli d'orgueil, de haine, de jalousie, d'animosité, d'envie, de rancune, de désintérêt pour Dieu et pour Ses œuvres, d'impudicité, de cupidité, etc., de quelle adoration parlons-nous? Dans la Nouvelle Alliance, ce n'est pas principalement une question de prosterner le corps, mais la prosternation d'un cœur amoureux, qui est sanctifié par l'Esprit. De plus, l'adoration n'est pas avant tout un moment de prière, il s'agit d'une vie impliquant l'engouement et le respect pour Dieu, le respect pour son prochain, le respect pour soi-même, la bienfaisance, la libéralité, etc. Ce cœur peut adorer Dieu même à travers une attraction pour la confession.

L'homme a été créé avec le plus grand devoir qui est « *adorer son Créateur* ». Seul Dieu en est digne ! L'adoration ne se détache pas de l'amour, c'est pourquoi, tu le trouveras difficile de prendre plaisir d'adorer Dieu si tu ne L'aimes pas beaucoup. D'après le Seigneur Jésus, l'amour pour Dieu est le premier et le plus grand commandement. C'est l'expression de l'adoration, demandant que Dieu soit l'occupant du cœur du chrétien. Dans Jean 4 : 24, il est dit que l'adoration est en esprit et en vérité. Cette vérité définit l'appartenance du cœur, qui doit être tout entier à Dieu.

Les prières d'adoration

Il s'agit des moments d'exprimer l'admiration et l'affection, à l'endroit de Dieu pour ce qu'Il représente ; c'est une scène d'amour. Ainsi, dans cet aspect de la prière, on utilise fréquemment l'expression ''***je T'aime***'', ou des expressions équivalentes. Ce n'est pas simplement le dire, mais le sentir au fond de toi et le vivre pour pouvoir l'exprimer. Ce type de prière ne reste pas au niveau du corps, car c'est très spirituel ; il franchit même l'âme pour passer au niveau de l'esprit (*Voir : les profondeurs dans la prière*).

A travers l'adoration on peut vite ressentir des émotions de l'âme, comme des pleurs d'amour, de joie intense ou de regret ; des désirs de connaître Dieu davantage et de lui faire plaisir ; etc., mais tout cela, sous l'influence de ton esprit, par l'attraction du St-Esprit. On peut toujours dire : je t'adore ! Pourtant, on n'adore pas vraiment. Ce n'est pas seulement dire que ''***je T'adore''***, mais c'est ***adorer***. Parfois nous disons cela, pourtant il reste au niveau du corps ; ce n'est pas l'adoration, puisque ce n'est absolument pas la vérité. Si le partage d'affection sur le plan sentimental peut transformer, même pour un seul instant, l'attitude d'une personne, qu'adviendrait-il quand nous exprimons dans l'amour et dans la vérité notre affection pour le Père, pour le Fils et pour le St-Esprit. Des choses extraordinaires se produisent.

L'amour de la prière te poussera à rechercher tout ce qui peut t'attirer à prier. Encore dans le livre des Psaumes, tu découvriras beaucoup d'expressions d'adoration. Tu dois t'en servir pour remplir ton dictionnaire d'adoration, en faisant d'elles les tiennes, en les utilisant dans ton propre langage, sous l'inspiration du St-Esprit. Par exemple : Tu es digne d'être servi avec crainte (respect) ; Tu rends heureux ceux qui se confient en Toi ; Tu es mon bouclier ; avec Toi, la peur est bannie ; Tu es mon soutien ; mon salut est auprès de Toi ; Tu es magnifique dans ma vie; Tu es compatissant, Tu sais entendre la voix de mes larmes ; Tu exauces mes supplications et Tu reçois favorablement mes prières ; qui suis-je pour que Tu prennes garde à moi, qui T'ai tant fait souffrir ?; Je me réjouis de Ta protection ; Tu es mon appui ; Tu es bon et droit ; Ta miséricorde dure à toujours ; Tu me défends face aux adversaires de mon âme ; Tu es mon Dieu, mon âme a soif de Toi et mon esprit soupire après Toi; je T'aime tellement! Celles-là ne représentent même pas 1% des expressions pouvant te servir.

De plus, le St-Esprit t'enseignera d'autres personnellement dans ton intimité avec Lui. Ce n'est pas seulement de les citer, mais c'est de t'expliquer à travers elles, selon les orientations de l'Esprit de Dieu. Tu verras que passer de longues heures dans l'adoration pendant tes moments de prière deviendra une partie de plaisir. Et tu jouiras des merveilles qui en découlent.

Lien entre le remerciement, la louange et l'adoration

Le remerciement, la louange et l'adoration se joignent couramment en prière. Les mêmes expressions et les mêmes raisons de remercier Dieu, peuvent être utilisées pour Le louer et L'adorer. Supposons que tu remercies Dieu pour t'avoir épargné d'un terrible accident. Tu diras peut-être *« Merci, mon Dieu, de m'avoir épargné ! »* Tu peux Le louer pour Son bras puissant avec lequel Il t'en a fait sortir, en exclamant: « *Béni sois-Tu ! Toi qui as confirmé la grandeur de Ta puissance pour me libérer de ce lien de la mort par Tes bras puissants* ». Tu peux aussi L'adorer pour avoir eu compassion de te faire échapper à cet accident, en disant : « *Qui suis-je mon Seigneur, mon Dieu, pour que Tu aies voulu me sauver. Ô Dieu, Ta miséricorde subsiste d'âge en âge* ». L'important est de comprendre le sens que tu donnes aux expressions. Bien que cela n'empêche pas qu'à chacun de ces types de prière, tu peux employer des termes propres.

Si on les positionne dans un moment de prière, on dira généralement que le remerciement vient avant, ensuite la louange, puis l'adoration. C'est quand même sensé ! Car la reconnaissance fait tomber l'égocentrisme, et la louange est une porte d'entrée à l'adoration. Toutefois, il faut laisser le soin au St-Esprit de t'inspirer. Il peut te faire passer toute la journée uniquement à remercier Dieu, ou bien à Le louer, ou bien à l'adorer. Certaines fois, Il peut même changer un moment de remerciement en un moment d'adoration ou de louange ; vice-versa. Quelqu'un va jusqu'à dire que l'adoration et la louange sont sœurs jumelles. On devrait se demander si avec le remerciement, on ne parviendra pas à en former un triplet.

VI - L'Intercession

« ***Je cherche parmi eux un homme qui les protège avec une clôture, qui se tienne sur la brèche devant moi en faveur du pays, afin qu'il ne soit pas détruit, mais je n'en trouve pas*** » (Eze 22 : 30), le miracle de l'intercession ! L'intercession est une œuvre puissante qui traduit l'amour en faveur de la personne qui en bénéficie. Dieu donne beaucoup d'importance à ce type de prière. Le Seigneur Jésus a dit que le deuxième commandement était l'amour pour son prochain. L'Apôtre Jean l'a précisé ainsi : « ***Petits enfants, n'aimons pas en parole et avec la langue, mais en action et avec vérité*** » (I Jean 3 V 18).

L'amour est l'action et le partage ! D'ordinaire, on donne ce qu'on a, relativement au besoin : la générosité. Mais il y a une chose que tout chrétien a, la possibilité de prier pour les autres. Pour tes propres besoins, tu envahis le trône de Dieu jour et nuit de toutes sortes de prières. Tu fais bien si tes prières ne sont pas faites sous l'emprise de l'égoïsme et de la convoitise. Pourtant, combien de fois tu as pris du temps pour prier en faveur de ton pays, des dirigeants de ton assemblée, de tes frères et sœurs, de la situation des églises locales qui empire, des membres de ta famille qui sont croyants et incroyants, de tes collègues, de tes voisins, de ton quartier, etc. ? As-tu un programme de prière qui tient vraiment compte d'eux ? Et cela, en permanence ? Si oui, améliore-le ! Sinon, surveille l'égocentrisme ou la négligence dans ta vie de prière. Dans le passage ci-dessus, il est question de la destruction du pays. L'Eternel a désiré avoir quelqu'un qui se tient en face de Lui pour l'empêcher de le détruire. Il est possible de sauver des gens au moyen de l'intercession.

Le concept

Intercéder veut dire « *faire un plaidoyer en faveur de quelqu'un devant Dieu* ». Défendre corps et âmes sa cause. Jésus Lui-même nous donne l'exemple quand Il était sur la terre, Jean chapitre 17 ; et encore jusqu'à présent Il le fait auprès du Père (Hé 7 : 25). Le St-Esprit intercède pour nous (Rom 8 : 26). Abraham a intercédé avec insistance et supplication en faveur de Sodome et Gomorrhe (Ge 18 : 20-32). Moïse a intercédé au prix de sa vie pour le peuple d'Israël (Ex 23 :

9-14). Dans la lettre du prophète Jérémie aux anciens en captivité, l'Éternel les encourage à intercéder (Jé 29 : 12). L'Apôtre Paul a exhorté les Ephésiens à prier pour tous le saints et pour lui (Eph 6 : 18 et 19) ; et il demande à Timothée de prier pour tous les hommes (I Tom 2 : 1-4). Et lui-même, s'adressant aux chrétiens de diverses villes, il leur fait part de ses multiples intercessions devant Dieu pour eux.

L'intercession ne prend pas seulement la forme de demande ; elle peut être des actions de grâces (I Tim 2 : 1). Quand tu pries pour toi, ce ne sont pas seulement des demandes que doit renfermer le contenu de tes prières. Remercier Dieu, Le louer, ou L'adorer en faveur d'une personne, est d'ouvrir de grandes portes de bénédiction sur sa vie. Tous les sacrifices que tes besoins t'obligent à faire en prière, ton prochain les mérite dans l'intercession. Tu ne pries pas seulement pour celui que tu aimes, mais tu dois aussi prier pour celui qui te persécute. Je ne dis pas de demander à Dieu de lui briser la nuque ; mais de prier pour sa repentance, ses besoins, etc.

C'est pratique ! Il y a l'intercession générale, c'est-à-dire, pour tout le monde. Il y a l'intercession spécifique, pour des personnes et des situations spéciales. Dans ton carnet de prière, tu réfléchis sur la nécessité de prier pour des gens autour de toi. Tu fais la liste, tu inscris les buts et les fréquences. Si tu le trouves important que la personne soit au courant, informe-la ! Profite aussi d'ajouter des noms quand tu es touché par la situation d'une personne au lieu de faire ou de recevoir la calomnie à son sujet : sa vie spirituelle en désordre, une mauvaise décision qui l'a mise en difficulté, sa conception anormale de la spiritualité. Il faut suivre les réponses à ces prières pour savoir quand t'arrêter. Tu vas voir comment le Seigneur va agir dans cet aspect de la prière. Là où il y a de l'amour, il y a de la grâce ! Sois assuré d'en jouir pleinement.

VII - La pétition

La pétition est une demande, une requête adressée à une autorité. Dans le langage spirituel, on dit plus couramment : demande. La Bible nous invite à faire des demandes auprès de Dieu ; c'est la pétition. Le Seigneur Jésus Lui-même a promis l'exaucement des demandes (Matt 7 : 7-11).

Ce type de prière inclut toutes sortes de requêtes ; c'est pour un besoin à satisfaire. Étant donné que l'humain est enfermé par des besoins, cela le place en situation de pétitions interminables. Il y va même d'ignorer ou de négliger les autres types de prières. C'est une grande erreur ! Dans un cas pareil, les requêtes incessantes et de fréquence débordante sont un signe de vie entrelacée par des soucis, des séductions et des convoitises. En tout cas, c'est légitime de demander ! Néanmoins, une vie de prière extraordinaire ne peut pas vraiment s'accentuer sur des demandes visant principalement la vie personnelle de la personne qui prie ; particulièrement pour les choses périssables de la terre. Il faut bien faire attention à cela.

Quand les demandes ne sont pas égocentriques, c'est-à-dire, s'inscrivent dans le plan de Dieu pour ta vie, pour ton prochain, pour ton église, pour ton pays, etc., elles peuvent venir à flot, et le Seigneur en sera glorifié. L'Apôtre Paul a dit ceci : « ***Celle qui, vraie veuve, est demeurée dans l'isolement, a mis son espérance en Dieu, persévère jour et nuit dans les requêtes et les prières*** » (I Tim 5 : 5). Tu as le plein droit et même le devoir de parler à Dieu de tes besoins naturels, surtout quand ils t'affectent : besoins d'emploi, de guérison, d'orientation dans la décision sentimentale, de promotion, d'amélioration dans les affaires, et autres.

Le Psalmiste a dit : « ***Fais de l'Éternel tes délices, Il te donnera ce que ton cœur désire*** » (Ps 37 : 4). Cependant, Dieu nous appelle pour être en communion avec Lui et pour participer au plan d'établissements de Son royaume. Lorsque ta vie ne se concentre pas comme elle se doit sur Son plan, en vérité il sera hors de sens que tu fasses de l'Éternel tes délices. Malheureusement, la vie chrétienne est tellement théorique en ces derniers temps, que le souci pour la pratique n'en demeure pas. On l'accepte, on le vit, et presque tout le monde semble d'accord. La vie de l'église de nos jours est une confirmation sans appel que l'évangile, que beaucoup de chrétiens appliquent, est essentiellement théorique et superficielle.

Veux-tu vraiment faire de l'Éternel tes délices ? Applique-toi à être un disciple de Christ, quelqu'un qui priorise Dieu sur tout, même sur lui-même (Luc 14 : 26, 27). Tu ne peux pas avoir ta vie concentrée en majeur partie sur toi-même, en te disant un disciple. Alors, si tu fais de Dieu tes délices, tu dirigeras tes pétitions dans le sens qu'il satisfait tes désirs. Ta vie doit s'inscrire dans le plan de Dieu. Et cela se fera quand tu auras décidé, dans la pratique, de donner plus d'importance à Dieu que tout, y compris toi. L'exercice de comparer ta passion et ton sacrifice pour chaque personne que tu aimes et pour chaque chose de ta vie, face à ta passion pour Dieu, te permettra de faire un bon jugement. Ainsi, il est impérieux de voir toujours tes requêtes à travers le plan de Dieu. Car le Seigneur Jésus ne peut pas mentir, en promettant l'exaucement de nos prières.

Ce type de prière ne doit pas se limiter à la forme de demande ; il est très important de déclarer et d'ordonner à ce que des choses positives soient ton partage. Prononce des mots de bénédiction, de réussite sur ta vie et sur celles des personnes pour lesquelles tu intercèdes. Et si tu te sens poussé par l'Esprit, ordonne que ces choses arrivent. Ta parole peut justifier et peut condamner. Cette approche spirituelle, dans l'amour, peut remplacer les vœux à Dieu, car la Nouvelle Alliance est une alliance d'amour; et l'amour dépasse les vœux. Si les démons nous lancent de mauvais sorts, Dieu nous donne de la grâce dans nos paroles, pour les remplacer par des bénédictions en notre faveur.

Besoin ou convoitise ?

Toutes les choses qui sont à la portée de l'homme et qui s'insèrent dans son quotidien, tendent à lui être indispensables. Cependant, tel n'est pas le cas dans la vie du croyant. Pour lui, sa motivation d'avoir et de posséder quelque chose dépendra de la différence à faire entre '*besoin*' et '*convoitise*'. Les choses terrestres sont des besoins mais ne doivent pas être convoitées.

La Bible donne des mises en garde aux chrétiens contre l'amour des choses terrestres, tandis qu'Elle les exhorte à s'affectionner aux choses célestes (Col 3 : 1, 2 ; I Jean 2 ; 15 Phi 3 : 18, 19 ; Mat 19 : 16-24 ; I Tim 6 : 9, 10 ; II Tim 3 : 1, 2). Cela ne sous-entend pas qu'il doit renier ses besoins terrestres. Mais, ne pas reconnaître assez bien la valeur de son âme, qui ne peut pas être donnée en échange même à ce qui soit de plus valable dans l'univers, les petites choses corruptibles de la terre constitueront les délices de son cœur, et ses moindres désirs se transformeront en de grands besoins. De ce fait, puisque la Bible l'invite à demander pour satisfaire ses besoins, il amène avec lui tous ses désirs ordinairement charnels.

C'est en partie ce qui advenait aux disciples du Seigneur, qui sollicitaient de Sa part, des positions dans le royaume, de l'autorisation de faire tomber le feu du ciel sur des gens, à la manière du prophète Élie. Ils n'étaient pas encore imprégnés par le renouvellement de l'intelligence pour comprendre le fonctionnement du royaume. Car ils ne pouvaient pas encore percer l'esprit du royaume de Dieu se reposant essentiellement sur le spirituel, et non sur ce que convoitent leurs sens. Par conséquent, ils se trouvaient souvent réprimandés par le Seigneur.

Nous devons tous savoir que c'est l'esprit qui gouverne la matière ; c'est une loi spirituelle ; et cette loi conditionne la vie des croyants. Mais pourquoi aiment-ils à tel point les choses terrestres ? Parce que la chair règne, et l'apostasie en voie de s'installer. De fait, l'amour pour Dieu est substitué par l'obsession des biens terrestres ; la vue, sous le feu des convoitises, remplace la foi. Malheureusement on limite souvent les œuvres de la chair seulement à certains péchés. Pourtant, la Bible dit clairement que la chair a des désirs contraires à ceux de l'Esprit. Par contre, tout ce que tu désires, qui n'est pas selon le St-Esprit, est charnel, et peut-être même démoniaque.

A ce point, le problème du renouvellement de l'intelligence est vraiment posé. Le chrétien mène sa vie spirituelle par une intelligence matérielle (charnelle). C'est pourquoi, face à cette vérité de la loi spirituelle, il devient confus ! Or, il s'agit de deux mondes : le monde matériel et le monde spirituel. Avec l'intelligence humaine, on peut comprendre et faire beaucoup de choses dans le monde matériel, mais rien dans le monde spirituel.

Pour découvrir les choses du royaume, il faut de l'intelligence spirituelle, celle qui contrôle et gouverne le monde matériel dans sa globalité. Ainsi donc, cherche premièrement le royaume de Dieu et Sa justice, et les autres choses te seront données par-dessus. Aie de l'intelligence pour identifier tes besoins, selon l'Esprit de Dieu. Autrement, tu seras plongé dans l'inquiétude que t'imposeront les soucis de la vie sous la violence des convoitises. Encore, cherche l'intérêt de Dieu avant tout; ta vie en dépend absolument.

VIII - Ordonner les types de prière

Il y a plusieurs points de vue théologiques sur l'ordre dans les aspects de prière. Chacun a des raisons dans l'ordre proposé. En lisant le « *Notre Père...* », on voit que l'honneur à l'endroit de Dieu est placé à l'introduction et à la conclusion; la pétition précède la confession ; l'intimité avec le St-Esprit et l'intercession ne sont pas présentées clairement, mais elles sont comprises. Car, d'une part, en disant seulement *Notre père*, au lieu de Mon Père, l'esprit de l'intercession est partie prenante ; et d'autre part, c'est la Bible qui parle de l'accompagnement du St-Esprit quand nous prions le Père. Il faut d'abord comprendre que le *Notre Père* n'est pas une leçon à réciter. C'est une synthèse d'enseignement sur la prière.

Généralement il est important d'ordonner ce que nous faisons dans la vie spirituelle, mais il faut éviter les excès de méthode ; cela fera de nous des personnes méthodiques mais non sous le contrôle de l'Esprit. Celui qui pense que le remerciement vient avant la confession, prierait-il mal ? On peut toujours considérer les principes du *Notre Père*, qui signifie que Dieu est avant tout et après tout : le remerciement, la louange et l'adoration, selon l'orientation du St-

Esprit.

La position entre la confession et le remerciement devrait être comprise en ce qui suit : même quand tu enfreins un principe, cela n'enlève pas ton droit et ton devoir de remercier Dieu, ne serait-ce que parce qu'Il te reçoit devant le trône pour confesser le péché. Dans ce cas, la personne qui voit le remerciement avant la confession a raison. Par ailleurs, on n'est pas obligé de confesser si on n'a pas péché. Seulement, dans la vie chrétienne authentique, le péché représente un obstacle pour la communion. Il trouble le cœur quand il n'est pas confessé. Il peut le troubler à un point tel, que tu te trouves dans l'incapacité de remercier Dieu. Sur ce, celui qui place la confession avant le remerciement, a raison. Mais aussi, tu acceptes que des choses peuvent se dévoiler pour être confessées pendant et même à la fin de la prière. Le plus important est de ne jamais laisser passer une seconde avec une chose dans la tête qui doit être confessée.

I Tim 2 : 1 supporte l'intercession au début des prières. La pétition serait placée avant la fin. Du reste, tu dois comprendre que l'application dans l'ensemble requiert un moment de prière qui n'est pas trop court. Alors, tu peux jouer sur les moments réguliers de prière dans ton emploi du temps pour t'assurer que chaque jour aucun aspect ne manque. Tu peux le faire en évaluant le temps que tu passes avec Dieu pour les classer à partir de l'*Intimité avec le St-Esprit*, et suivant: *Confession / Remerciement – Louange – Adoration – Intercession – Pétition.* Pour les moments de courtes prières, une fois que tu fais de l'Éternel les délices de ton cœur, cela dépendra du St-Esprit. Je te rappelle que la louange doit être toujours dans ta bouche et l'adoration incessamment dans ton cœur. Mais dans tous ces aspects et en tout instant, les cantiques spirituels doivent toujours t'embaumer. C'est là « ***une autre vie de prière***

Chapitre III

LA PROFONDEUR DANS LA PRIÈRE

Le Seigneur Jésus, s'adressant aux scribes et aux pharisiens, a dit : « ***Hypocrite, Esaïe a bien prophétisé sur vous, quand il a dit : Ce peuple m'honore des lèvres, mais son cœur n'est point avec moi*** » (Matt 15 : 7, 8). Lorsque nous prions, tout notre être doit y participer. En tant qu'humain, ce n'est pas nécessaire de passer par mille chemins pour reconnaître la participation de chacune de ces trois parties : l'esprit, l'âme et le corps.

Le Tabernacle dans l'Ancienne Alliance a été une figure du croyant de la Nouvelle Alliance, par extension, de l'église. Il reflétait les dimensions de vie des chrétiens ayant l'Esprit de Dieu les habitant et demeurant avec eux. Les trois espaces expliquent chacun un niveau spirituel et d'intimité avec Dieu. Tous ceux qui avaient besoin de Lui, pouvaient entrer dans le Tabernacle, mais chaque espace définissait un niveau de communion. Ainsi, il y a des choses à voir, des paroles à entendre et des expériences à faire, selon la volonté de Dieu; tout dépend de la position dans laquelle on se trouve.

Aussi, l'image spirituelle du Tabernacle pourrait traduire la profondeur d'intimité avec Dieu dans la prière : le parvis représente le corps, le lieu saint représente l'âme et le lieu très saint représente l'esprit, qui est la partie de l'homme pouvant atteindre l'intimité la plus profonde avec son Dieu. Alors, c'est dans cette dimension que Dieu attend le chrétien qui Le prie. On peut prier dans le corps sans une participation active de l'âme et de l'esprit ; on peut prier dans l'âme pour vivre les émotions et les sensations que l'esprit apporte ; on peut prier dans l'esprit, au point de ne plus avoir le contrôle de ses mots.

I - Prier dans le corps

Le corps est l'enveloppe qui nous met en contact avec notre environnement à l'aide du cerveau, à travers nos sens. Vivant dans un monde matériel, on en a besoin. Dieu l'a fait parce qu'Il l'estime important ; et Il en a besoin, au point d'en faire Son temple. D'ailleurs, la Bible nous fait injonction de garder le corps irréprochable, dans la sanctification (I Thes 5 : 23) ; c'est le temple du St-Esprit (I Cor 6 : 19).

Mais, parler au niveau du corps n'inclut automatiquement pas les deux parties spirituelles de l'homme : son âme et son esprit. Ainsi, prier dans le corps, qui représente le niveau du parvis, veut dire '*prier sans vraiment une participation active de l'âme et de l'esprit*'. A la vérité, on est au Tabernacle, mais au niveau de la cour. On vient auprès de Dieu en étant ailleurs. On peut à la fois être en train de parler et de surveiller d'autres choses ; en fait, de donner une autre occupation à l'esprit, tandis que le corps prie encore. On parle à Dieu mais son esprit divague très loin de soi, au point même que, lorsqu'on se reprend, on pourrait se demander sur quoi on priait. Avec de tels comportements, on n'a pas besoin d'espérer de grandes choses. C'est vouloir entretenir avec son Père se trouvant dans la chambre arrière, et puis on décide de rester dans la cour avant. A une telle distance, quel niveau d'intimité peut-on partager ? La cour est réservée à n'importe quelle personne qui voudrait parler à Dieu ; mais l'endroit pour partager l'intimité est plus au fond.

Encore, Dieu n'entend pas conduire une relation intime avec les gens restant dans la cour ; car ce niveau révèle l'ignorance de Sa personnalité, la maladresse spirituelle, la négligence, et choses semblables. Alors, on peut passer de longues heures dans le parvis sans rien recevoir d'extraordinaire. Par conséquent, il ne s'agit pas seulement de passer beaucoup de temps en prière ; mais, quel est l'écart qui sépare (le cœur de) celui qui prie d'avec son Dieu ? Autant le cœur est éloigné, autant l'écart est immense.

Il viendra un moment où l'on pourra se sentir ennuyé de fatigue, de douleur, de dégoût, etc., parce que c'est le corps qui se bat ; donc il n'y a pas de spiritualité. A ce point, les minutes deviendront des heures et les heures seront comme des jours. Ainsi, passer du temps dans la présence de Dieu devient un calvaire et un cauchemar. Le corps ne peut pas, de part lui-même, déguster le goût, la douceur et les délices de Dieu dans la prière ; par contre, il peut y être soumis. Alors, celui qui prie seulement au niveau du corps, ne pourra s'offrir qu'une tradition religieuse de prière.

Cependant, cette étape dans la vie du croyant, ne révèle pas toujours l'immaturité dans la prière. On peut connaître de bonnes croissances dans l'organisation de sa vie de prière, pourtant on tombe. Car nous faisons face à toutes sortes de situations perturbantes. C'est pourquoi, il est nécessaire de bien jouer le jeu d'intimité constante avec le St-Esprit. Tout ce qui nous entoure et tout ce qui fait partie de nous constituent des éléments que l'ennemi peut utiliser à n'importe quel moment contre nous, afin de nous déconcentrer et de nous contrarier : notre propre famille, nos bien-aimés, nos amis, nos affaires, nos possessions, nos persécuteurs, la fatigue, la réjouissance, une douleur, une mauvaise nouvelle, une déception, un coup raté, la maladie, et tout. Le diable sait très bien que '*aller en profondeur*' peut facilement bouleverser son royaume.

Donc, il ne faut pas te laisser distraire par ses stratagèmes. S'il ne parvient pas à t'empêcher de t'approcher du trône, il a les moyens de te déranger. Sur ce, tu dois appliquer les principes d'attraction de l'esprit. Ordonne ton âme et ton esprit, à l'instar de David (Ps 103 : 1) de se concentrer. Chasse toute pensée qui veut capturer ton esprit. Chante et lis la Bible. N'accepte pas que tes moments de prière demeurent au niveau du corps. Bats-toi ! Confie-toi au St-Esprit, l'accompagnateur et l'aide suprême ! Dis-Lui que tu n'acceptes pas de rester dans le parvis, car le Seigneur Jésus t'a ouvert le lieu très saint au moyen du sacrifice de Sa propre chair (Héb 9 : 8 -12). Il faut que tu y pénètres. Bats-toi ! Au nom puissant de Jésus!

II - Prier dans l'âme

L'âme humaine est le centre de ses émotions ; c'est la partie qui révèle sa personnalité. C'est pourquoi, l'expression de l'âme est beaucoup plus fiable et intime dans le domaine des relations. Quand l'âme participe intégralement, la communication avec Dieu devient plus concrète et plus spirituelle. L'imprégnation de cette partie vitale transporte celui qui prie à une autre dimension, c'est-à-dire, laisser la cour du temple pour pénétrer le lieu saint, soit la première partie interne du Tabernacle (Héb 9 : 2).

Pour y parvenir, c'est l'intimité avec le St-Esprit qui te conduit en communication constante avec le Père. Je te rappelle que la notion d'intimité est quelque chose de vraiment dynamique. L'habitude de communiquer beaucoup et constamment avec Dieu établira progressivement ce niveau de communion. C'est juste une question de volonté ! Tu connais ce que l'intimité exige ; tu appliques. Une image de la vie courante, peut te dire : Être *reçu en tant qu'un ami requiert une relation spéciale*. Le temps d'y arriver dépend relativement de toi. Tu dois manifester le désir, en étant constant dans cette relation. D'ailleurs, le fait d'y pénétrer quelques fois n'assure pas nécessairement le passage à un autre niveau d'intimité. Tu as besoin d'être capable d'y entrer n'importe quand tu le désires, jusqu'à ce que tu en fais un lieu habituel de dialogue et d'intimité.

On commence à prier dans l'âme lorsqu'on sent qu'on se détache des nuisances corporelles. A ce niveau, l'esprit se concentre assez pour être de moins en moins conscient du monde extérieur. C'est ainsi que surviennent des sensations spirituelles, et les mots de prières viennent un peu à flot. C'est comme communiquer avec une personne vivante dans un cadre physique. On devient réellement conscient de la vérité des choses spirituelles en ressentant des émotions et des sensations, comme l'amour pour Dieu, le désir d'aller plus en profondeur, le désir d'expérimenter des choses merveilleuses dans la présence de Dieu, etc.

C'est vraiment un plaisir d'atteindre le niveau de la participation active de l'âme en priant ; le corps peine de moins en moins, car ce n'est plus lui qui paie les frais par ses propres efforts, mais il ne fait que vivre les effets des sensations émanant de l'âme. Tu as besoin de la grâce d'arriver à faire de ce niveau un espace ordinaire dans ta vie de prière ; ce sera très profitable pour toi.

Je reprends: le fait de pénétrer le salon quelques fois ne traduit pas automatiquement ce niveau d'intimité ; cela peut être circonstanciel. Parfois, par une très grande attraction du St-Esprit, à travers une activité spirituelle, il peut advenir de prier dans l'âme sans que ceci ne soit pas une habitude. Alors, il est important de comprendre que la vie de prière ordinaire peut l'expérimenter de manière circonstancielle. Mais dans cette nouvelle vie de prière, cela doit être constant.

En outre, dans des moments de prière, si tu remarques que la transition du corps à l'âme parait instable, c'est-à-dire, on passe au niveau de l'âme et on retourne inconsciemment au niveau du corps, il est péremptoire de chérir davantage l'intimité, mais avec persistance et un cœur sincère et déterminé. Dans des moments de perturbation, ce cas peut arriver facilement. Il est de toi d'appliquer les principes relatifs au comportement en prière, avec l'aide du St-Esprit, pour trouver la stabilité. Car Dieu ne nous attend pas au niveau de l'âme, mais de l'esprit.

III - Prier dans l'esprit

En parlant du lieu très saint, Dieu a dit à Moïse: « ***C'est là que je me rencontrerai avec toi; du haut du propitiatoire, entre les deux chérubins placés sur l'Arche du témoignage, je te donnerai tous mes ordres pour les enfants d'Israël*** » (Nom. 7 : 89). C'est dans ce lieu très saint que Dieu t'appelle, à une autre dimension, là où la gloire se révèle tangible.

Le Seigneur Jésus, par sa mort, a déchiré le voile qui interdisait l'entrée au lieu très saint. Il y a pénétré une fois pour toutes, et nous y a donné l'accès. Le lieu très saint a été l'espace le plus intime du Tabernacle. Ce lieu était éclairé par la gloire de Dieu. C'est le lieu secret dans la profondeur spirituelle. On ne pouvait pas y entrer n'importe comment, parce que c'était là que se trouvait l'Arche de l'Alliance symbolisant la présence de Dieu. Un lieu mystérieux et très dangereux à cause de la sainteté de Dieu.

Dans ce lieu, c'est la loi de Dieu qui prévaut ; tu n'es qu'une minuscule créature enfermée avec le Dieu qui a créé et qui contrôle l'univers et tout ce qui s'y trouve ; qui est la perfection même ; qui connaît les moindres détails de ta vie, sans exception ; mais qui t'aime d'un amour infini et qui désire toujours ce type de rencontre. C'est dans cette dimension que tu peux faire l'expérience de grandes illuminations, des révélations sur des choses cachées, des apparitions extraordinaires, et tant d'autres.

L'esprit humain est une partie très complexe de ses composantes ; c'est le contrôleur du cerveau qui fait le traitement sous formes d'analyse, de discernement, d'identification, de jugement, etc. Toutes les émotions que ressent l'âme sur le plan spirituel proviennent généralement de ce qu'a attiré l'esprit. C'est la partie la plus active et la plus sensible sur le plan spirituel. L''esprit peut communiquer avec Dieu à un niveau que le corps ni l'âme ne pourront franchir avant la transformation glorieuse de l'être humain (I Cor 15 : 35-57).

Prier dans l'esprit est la profondeur la plus intime dans la communication avec Dieu. Tu peux te perdre dans une dimension de communion où tu n'existes plus physiquement, voire les choses autour de toi. C'est un niveau où l'esprit humain se sent absolument libéré des imperfections de la nature humaine qui ordinairement le retiennent de s'exploser spirituellement : tu n'es plus maître de tes mots ; tu deviens de plus en plus inconscient de ce qui se passe en toi. Pour ceux qui jouissent du don des langues, les expressions en d'autres langues sont couramment d'une fréquence dépassant l'ordinaire ; les sensations de l'âme n'ont plus d'effets sur toi ; tu peux être emporté en esprit, au point de tomber en extase, selon la volonté de Dieu. Il n'y a pas une formule à cela ; il s'agit tout simplement de discipliner ta vie de prière, en prenant de plus en plus de maturité avec l'aide du St-Esprit.

Une question peut venir à l'esprit : peut-on prier sans la participation de l'esprit ? Non ! Que l'on veuille ou non, l'esprit humain a une faible participation. Mais cette participation peut s'avérer si insignifiante qu'elle est équivalente à l'absence totale. Tel est le cas de la personne qui prie au niveau du corps ; physiquement la personne prie, pourtant son esprit se concentre sur autre chose. Mais quand l'esprit commence à pénètre activement la présence de Dieu, l'âme entre en jeu pour exprimer tout ce qui la concerne. Mais quand l'esprit se perd en prière, dépendamment de la dimension de communication et d'intimité, même l'âme peut ne pas s'y retrouver.

L'Apôtre Paul en a fait mention dans le cadre du parler en d'autres langues : « ***En effet, celui qui parle en langue ne parle pas aux hommes, mais à Dieu, car c'est en esprit qu'il dit des mystères*** » (I Cor 14 : 2). Cela ne veut pas dire qu'il faut parler en d'autres langues pour prier en esprit. Un chrétien peut ne pas parler en langues, pourtant il peut être plus stable à ce niveau qu'une autre personne qui parle en langues. Cependant, le parler en d'autres langues est un avantage spirituel, particulièrement dans la prière. L'une des affirmations de ceux qui ont ce don, dit ce qui suit : une fois commencer à parler en d'autres langues, un autre élan de prière survient. L'Apôtre, connaissant si bien l'importance, a dit ceci : « ***Je veux que vous parliez tous en langues,...*** » (I Cor 14 : 5).

Les mêmes contrariétés au niveau de l'âme peuvent surgir au niveau de l'esprit, mais à un degré moindre. Même si Dieu te ferait la grâce d'être transporté au ciel en priant, tu retourneras certainement sur terre. Alors, tu peux être dans la dimension de l'esprit, mais le corps interpelle l'âme, qui va essayer d'atteindre l'esprit. Et, dépendamment de la profondeur qu'aura atteinte ce dernier, il peut fléchir. Prenons une crampe par exemple : le corps subit la crampe ; l'âme ressent la douleur et envoie des pulsions à l'esprit, qui lui, étant intimement lié avec l'âme, peut être touché s'il n'atteignait pas une profondeur de grande inconscience face même aux signaux envoyés par l'âme. C'est pourquoi, il faut s'entraîner durement en prière, en maximisant le temps et en maîtrisant les principes vus au chapitre I. Cette contrariété peut venir de ton téléphone, de tes proches, etc. Donc, il faut tout ordonner.

Tu dois faire confiance à l'Esprit de Dieu en Lui laissant le soin de conduire ton esprit dans la bonne voie spirituelle. Ne force pas ton esprit à imaginer des expériences que tu désirerais. Ce genre de chose arrive même dans le cadre du parler en d'autres langues. Certains peuvent parler dans une seule autre langue, tandis que d'autres à la fois dans une diversité. Tout cela doit être fait sous la direction de l'Esprit. On n'a pas à insérer un mot de son intelligence dans la langue que l'Esprit de Dieu te permet d'exprimer.

S'il advient de désirer voir des choses merveilleuses ou de désirer être vu en train de prier dans cette profondeur, tu dois bien saisir que le fait de ressentir ces choses te descend déjà dans la dimension de l'âme, si tu étais dans la dimension de l'esprit. Il est seulement question de la foi. La foi débute tout, elle t'emmène à tout, et elle finalise tout ; tous les niveaux de relation avec Dieu l'obligent. La foi ne se voit pas uniquement à travers les requêtes, mais dans toutes sortes de prières. Autant l'intimité devient profonde, autant on va avoir besoin de faire confiance à Dieu. Autrement, la peur t'envahira, et cela handicapera ta progression. Si tu peux tout contrôler au niveau du corps, tu peux contrôler certaines choses au niveau de l'âme, mais au niveau de l'esprit, c'est Esprit de Dieu qui contrôle tout. Tu vois ? Si tu ne veux pas Lui faire confiance, cette dimension ne sera pas constante dans ta vie de prière.

Dieu est infiniment grand ! En aussi grand nombre que peuvent être les expériences que l'on puisse faire avec Lui, elles ne pourront pas épuiser Son répertoire d'amour, de gloire, de sainteté, de puissance, etc. Lorsque tu te fais ami de la Bible, tu découvriras des expériences de certains hommes de Dieu qui t'inspireront là-dessus : Moïse, après avoir fendu la mer Rouge, a demandé de voir Dieu face à face. Malgré la puissance incroyable d'Elie, qui a mis en partage les eaux du Jourdain, qui a défié les huit cent cinquante prophètes de Baal et d'Astarté, qui a fait descendre le feu du ciel sur les envoyés d'Achab, Elisée, son serviteur, en a demandé le double. Le Seigneur Jésus, l'homme sans égal, a dit que nous ferions beaucoup plus qu'Il avait fait. Alors, ne t'arrête pas une seconde !

Le Dieu des Apôtres est le même aujourd'hui ; il n'est pas en congé comme certains le font croire, en disant que ce n'est plus le temps d'expression de Dieu, selon qu'il est écrit en Marc 16 : 17, 18. Nous sommes en voie d'apostasie ; les gens ne s'intéressent pas trop à Dieu ; c'est pour cela que la foi diminue ainsi. Il ne faut pas accepter ta vie spirituelle sans au moins un de ces signes. Mais le plus important est la sanctification, ***« car ce que Dieu veut, c'est votre sanctification; c'est que vous vous absteniez de l'impudicité*** » (I Thes 4 : 3). Or le diable peut permettre ces choses pour conduire les entêtés à l'endurcissement. Ainsi, tu ne dois pas accepter de franchir même l'étape du corps sans être sûr de te dépouiller des œuvres mortes de la chair, car le parvis en est l'espace.

Lorsqu'on s'entraîne en prière, il faut toujours compter sur Dieu, puisque c'est Lui qui produit le désir en toi. Cependant, tu ne dois pas bâtir ta vie de prière seulement sur la sensation de vouloir prier. Cela doit être avant tout un principe de vie. Ce n'est pas tous les jours qu'on désire manger, mais on mange quand bien même pour survivre. Il faut bien construire et respecter ton horaire de prière, qui doit s'améliorer en matière du temps et de l'équilibre.

De plus, prier dans l'esprit ne se connecte pas avec des sensations: C'est la foi qui prévaut ! On appelle cela : ***au-delà des sensations***. Tandis que Dieu produit le désir, un intrus peut capter l'onde de ce désir qui t'a été communiqué. Qu'est-ce que tu vas dire ? Tu ne sens pas de désirs, donc tu ne pries pas ? Dieu Lui-même peut te placer dans un désert spirituel pour prier, afin que ta foi puisse grandir dans ce domaine. Tu dois Lui demander de l'intelligence spirituelle pour mieux t'y prendre. Si tu fais de cela un principe, quand tu ne sens pas le désir, tu le lui demanderas instamment.

CHAPITRE IV

L'ONCTION DU ST-ESPRIT

Le Seigneur Jésus a dit aux disciples : « ***J'enverrai sur vous ce que mon Père a promis ; mais vous, restez dans la ville jusqu'à ce que vous soyez revêtus de la puissance d'en haut*** » (Luc 24 : 49). S'il y a une chose qui devrait être la préoccupation du chrétien, en ce qui concerne son besoin, celle-là doit être « ***l'onction du St-Esprit*** ». Nombreux sont ceux qui se trouvent dans le champ de Dieu, mais qui n'en sont pas vraiment conscients. D'autres en parlent, mais cela reste au niveau des mots. Donc, la confusion s'installe, et alors, le problème d'orientation surgit ; on ne fait que tâtonner ; la destinée d'un grand nombre de chrétiens semble hypothétique ; les pensées de leur cœur sont sous l'emprise du système mondain. En conséquence, ils ne s'attachent pas cordialement à Dieu ; l'apparence de Le chercher, est soumise à l'oppression des soucis de la vie et de la séduction des richesses de ce monde. Des traits identifiant la nature païenne redeviennent les leurs. Leur vision de Dieu s'obscurcit de plus en plus.

Malheureusement pour combler ce vide, des chrétiens versent dans la quête de connaissance. Ainsi l'intellect humain dirige la vie spirituelle, et par ricochet, dirige l'Église de Jésus-Christ. Donc le résultat ne saurait être autre que la situation de l'église actuelle qui est on ne peut plus lamentable. Car, dans cette fin des temps, l'ennemi exerce toute son énergie pour capter la vision, l'écoute et l'entendement des chrétiens, en injectant dans leurs cœurs toutes sortes d'impuretés dont certaines sont des poisons lents à réagir, et d'autres très violents.

Beaucoup d'entre eux ignorent que dans ce monde pervers, derrière tout, principalement tout ce qui peut éloigner l'homme de Dieu, se cache la puissance infernale du diable. Il parvient à polluer des choses devant constituer l'évolution spirituelle des chrétiens, en imposant l'ignorance, l'égarement, la paresse spirituelle et l'attachement excessif à la sagesse humaine. Il arrive même à déclencher une panne de révélation dans l'émission de la Parole de Dieu. Alors, les nourritures spirituelles consommées se révèlent souvent inefficaces, tandis que les études bibliques s'accroissent vertigineusement. En conséquence, nous avons des églises intellectuellement, scientifiquement, socialement et théologiquement à jour, mais dépourvue de force, de puissance, de sainteté ; en termes, de la présence de Dieu, que seule l'onction du St-Esprit peut apporter et maintenir.

Qu’est-ce que l’onction du St-Esprit ?

D’abord, *qu’est-ce que l’onction* ? Il s’agissait d’un revêtement d'huile qui avait un caractère sacré indiquant la mise à part pour le service. Cependant, au delà de l'acte visible, il y a la réalité spirituelle : *le revêtement du Saint-Esprit*. C’est justement ce qu’a dit Jésus dans Act 1 : 8 : « ***Mais vous recevrez une puissance, le St-Esprit survenant sur vous, et vous serez mes témoins…*** » Dès lors, on parle de l’onction du S-Esprit, qui se présente sous deux aspects : l’aspect initial, qui incorpore le chrétien en Christ, et l’aspect dimensionnel, qui est relatif à la mission confiée.

L’onction initiale

Dans la Nouvelle Alliance, étant des sacrificateurs mis à part pour Dieu, chacun reçoit l’onction initiale, c’est-à-dire le sceau du St-Esprit. La Bible dit: « ***En lui vous aussi, après avoir entendu la parole de la vérité, l’évangile de votre salut, en lui vous avez cru et vous avez été scellés du Saint-Esprit qui avait été promis*** » (Ephésiens 1:13). « ***Pour vous, vous avez reçu l’onction de la part de celui qui est saint, et vous avez tous de la connaissance*** » (1 Jean 2 : 20). « ***Et celui qui nous affermit avec vous en Christ, et qui nous a oints, c’est Dieu, lequel nous a aussi marqués d’un sceau et a mis dans nos cœurs les arrhes de l’Esprit*** » (2 Cor.1 : 21, 22).

L’onction initiale nous donne le témoignage de l’Esprit d’être des enfants de Dieu. Sur ce, qui que l’on soit, si du moins on a reçu le Seigneur Jésus comme Sauveur et Maître, on a cette onction qui n’est que la marque de l’Esprit indiquant notre appartenance à Dieu. Elle signifie que nous sommes en Christ, qui nous fait la grâce de participer à la nature de Dieu, car nous sommes de nouvelles créatures (II Co. 5 : 17). Cependant cette onction, ayant accordé cette position, n’est pas reçue pour le développement du chrétien. Il doit trouver celle du plan de Dieu pour sa vie et pour son ministère.

La dimension de l’onction

En réalité, il n'y a qu'une onction, celle du Saint-Esprit, mais différentes mesures selon la tâche que le Seigneur confie. Jésus fut oint de toute la plénitude de Dieu: « ***Car en lui habite corporellement toute la plénitude de la divinité*** » (Col 2: 9). Au fait, le Seigneur Jésus aurait pu commencer son ministère de par Sa force, après avoir reçu publiquement le St-Esprit et le témoignage de Son Père concernant Sa qualité de fils. Plutôt, Il est allé prier afin de recevoir le revêtement de puissance, l'onction du Saint-Esprit pour le service(Mathieu 4: 2).

Il était toujours en prière, jour et nuit. S'il pouvait tout en tant que Dieu, mais en tant qu'homme, il était conscient de ses limites, en se soumettant à l'onction de l'Esprit. Il a dit ceci : « ***L'Esprit du Seigneur est sur moi, parce qu'il m'a oint pour annoncer une bonne nouvelle aux pauvres; Il m'a envoyé pour guérir ceux qui ont le cœur brisé, pour proclamer aux captifs la délivrance, Et aux aveugles le recouvrement de la vue, pour renvoyer libres les opprimés, pour publier une année de grâce du Seigneur*** » (Luc 4 : 18). Et la Bible dit : « ***Jésus, revêtu de la puissance de l'Esprit, retourna en Galilée, et sa renommée se répandit dans tout le pays d'alentour*** » (Luc 4 : 14). C'est là une parfaite définition du revêtement de l'onction du St-Esprit de façon dimensionnelle.

Le Seigneur Jésus a reçu l'Esprit de Dieu afin de Le répandre sur Ses disciples comme une huile précieuse : « ***Élevé par la droite de Dieu, il a reçu du Père le Saint-Esprit qui avait été promis, et il l'a répandu, comme vous le voyez et l'entendez*** » (Act 2 : 33). Et Il l'a fait selon la mesure nécessaire : « ***A chacun de nous la grâce a été donnée selon la mesure du don de Christ***» (Eph 4 : 7).

De tout ce que renferme l'onction du St-Esprit, il y a deux éléments incontournables, exprimés par Dieu à l'égard de Ses enfants : la sanctification et la capacité.

La sanctification

La Bible dit que Dieu veut notre sanctification (I Thes 4 : 3). Dieu est Saint ; tout ce qui est à Son service : personne, chose, lieu, animal, ou autres, doit être donc sanctifié. On ne peut pas prétendre avoir affaire avec Dieu sans être sanctifié. A ta conversion, tu as été sanctifié de façon positionnelle, c'est-à-dire, mis à part ; en d'autres termes, détaché du monde et incorporé dans le corps de Christ. Mais cela ne s'arrête pas là ; il te faut progresser jusqu'à la stature parfaite de Jésus-Christ. Ici, on parle de la sanctification progressive qui est relative à une dimension de l'onction. Sois intelligent ! Dans la vie chrétienne, on ne peut pas vouloir être quelqu'un d'extraordinaire en puissance et en grâce pendant que le degré de sanctification est à un stade ordinaire. C'est tout simplement ridicule !

La vraie onction sanctifie. Et dépendamment de la dimension, le niveau de sanctification de l'oint devient de plus en plus sensible et fragile en ce qui a trait à la sainteté. La blancheur est si vive que de moindres particules négatives puissent l'altérer. Je profite pour dire qu'un tel niveau de sanctification exige un environnement spirituel approprié : la relation humaine devient conditionnée ; l'emploi du temps priorise Dieu ; la vision humaine du monde est tout à fait inversée ; les regards suivent la trajectoire de Dieu ; les choses périssables de la terre sont limitées à leur utilité ; etc. C'est le vrai « *être en Christ dans les lieux célestes* ». On laisse le monde avec son fanatisme, qui fusionne les incroyants avec les croyants. On n'est plus soi-même : on est à une dimension où l'on ne peut respirer sans la présence active de l'Esprit de Dieu. A ce point, notre désir primordial n'est autre que nous voir détachés de ce corps pour être avec notre Seigneur pour l'éternité.

Comprends que les trois parties de l'homme sont séparément sanctifiées, mais connaissant les liens si serrés existant entre elles, il devient vraiment inconcevable de parler de la sanctification de l'une sans parler des autres. Cependant, nous référant à ce texte : «***Que le Dieu de paix vous sanctifie Lui-même tout entiers, et que tout votre être, l'esprit, l'âme et le corps, soit conservé irrépréhensible, lors de l'avènement de notre Seigneur Jésus-Christ*** !» (1 Thes 5 : 23), la finesse spirituelle nous amène à faire cette réflexion : la sanctification progressive du corps est plus facile à accroitre une fois que l'esprit se comporte bien face aux attaques des mauvais esprits, et se débarrasse des attractions de la chair. Mais l'âme a besoin de l'effet profond et constant des substances spirituelles positives émanant de la grâce de Dieu. Cette grâce garde stériles l'ensemble des éléments émotionnels caractérisant l'imperfection humaine. Ainsi, la compréhension de la subtilité de lien entre ces trois parties est nécessaire.

Généralement tout part de l'esprit, mais chaque partie, à sa manière, peut influencer sur une autre. Cette théorie semble bien vouloir dire que le manque de sanctification de l'une affecte une autre. Par contre, le chrétien ne doit pas entreprendre n'importe quoi avec son esprit, car il apportera nécessairement à l'âme ce qu'il aura saisi positivement pour pasteuriser les pensées négatives qui s'y trouvent, ou négativement pour empirer sa condition.

D'un autre côté, le chrétien ne livre pas son âme à l'amour et à la dégustation de ce que sa nature charnelle désire, que ce soit pour en tirer une valeur, un plaisir, ou non. C'est pour cela que la Bible l'interdit de s'affectionner aux choses du monde, car il en a été sanctifié. Et si son âme s'y retrouve, elle sera prise sous une influence négative qui affectera inévitablement les autres parties, puisque l'esprit en fera un principe et le corps s'associe facilement aux désirs de l'âme. En dernier lieu, le corps a besoin d'être sérieusement discipliné quand on imagine qu'un attouchement reçu peut éveiller les émotions de l'âme. Mais, en matière d'influence spirituelle positive, l'esprit est de toute évidence responsable de l'attraction et du transport des éléments dont l'âme et le corps ont besoin.

Ce genre de chose est très important pour l'apprentissage à la croissance progressive dans la sanctification. Une fois que le degré de sanctification de ton âme est très élevé, le degré de sanctification de ton corps le sera aussi, et ton esprit trouvera du bonheur de transporter avec aisance ce qui maintiendra ton âme et ton corps dans cet environnement spirituel approprié garantissant leur croissance constante. Et ce n'est pas une fiction ; il est question de ton esprit qui se laisse attiré et guidé par le St-Esprit le remplissant de la grâce divine, laquelle produira la dimension d'onction portant une dimension qui est sanctification.

Malheureusement l'église est très loin de ce niveau de sanctification. Des chrétiens se perdent dans la quête de gloire et de puissance provenant de l'onction, en ignorant le degré de sanctification y relatif. Le cas d'Exode dix-neuf est un exemple classique : voulant confirmer au peuple l'autorité légale de Moïse, Dieu a décidé d'accorder une démonstration de sa présence à travers une fumée de gloire, des tonnerres, des éclairs, etc. A cause de Sa Sainteté, Il a ordonné à Moïse de sanctifier le peuple, en vue de Le rencontrer. En dépit de ces deux jours de purification, les enfants d'Israël ne pouvaient pas s'approcher de la montagne pendant la manifestation de la gloire de Dieu ; pourtant, Dieu a autorisé Moïse de Le rejoindre dans la nuée de gloire. Cela veut tout simplement dire que le degré de sanctification de ce peuple ne les a pas permis d'accéder à ce niveau de gloire. Ainsi, la sanctification devient le récipient dans lequel la gloire est versée. C'est pourquoi, quand la gloire de Dieu rencontre l'impureté, Dieu inflige des châtiments, comme des maladies terribles, des infirmités sans nombre, des mortalités sans arrêt, etc. On ne peut pas recevoir la gloire, la puissance et l'autorité de Dieu sans la sanctification.

La capacité

La capacité traduit la potentialité, incluant la puissance, la sagesse, la force, la révélation, l'intelligence spirituelle, et autres. Nous pouvons tenter de servir Dieu avec notre propre force, notre sagesse et notre intelligence naturelle, mais tout cela restera à notre niveau humain et ne pourra en rien être comparé avec la potentialité que donne le Saint-Esprit pour accomplir les œuvres de Dieu.

Nous avons besoin de comprendre que la construction du nouveau temple de Dieu, l'Église de Jésus-Christ, ne peut se réaliser que par la capacité que donne l'Esprit de Dieu : « ***Ce n'est pas à dire que nous soyons par nous-mêmes capables de concevoir quelque chose comme venant de nous-mêmes. Notre capacité, au contraire, vient de Dieu*** » (2 Co 3 : 5). Le revêtement du Saint-Esprit donne la force, l'intelligence, l'énergie, la sagesse, la connaissance et la puissance nécessaires pour remplir un ministère, une fonction, un service ou un don. Car dans leur exercice, il y a deux choses à considérer : la forme et le fond. Qu'il s'agisse du ministère, de la fonction, du service, ou du don, la manière et la méthode déterminent la forme ; mais le fond, sur le plan spirituel, est dans l'onction qui revêt ce qui sera fait.

Les anomalies dans des églises locales sont dues au fait qu'on met de côté l'onction de l'Esprit. On place les capacités naturelles en face des principautés qui désirent ardemment détruire l'être humain. Des chrétiens oublient que leur vie sur terre est une question de Puissance contre puissance. Nous ne pouvons pas nous reposer sur notre capacité humaine pour mener notre vie chrétienne et l'œuvre de Dieu ; c'est absurde ! C'est le grand jeu du diable. Il n'a aucun problème que beaucoup plus d'écoles de théologie ouvrent leurs portes pourvu qu'il domine leur conception de servir Dieu. Autrement, pourquoi les écoles de théologie se multiplient-t-elles intensément, tandis que la situation de l'église empire de jour en jour ?

C'est même très bien de faire des études théologiques, mais elles ne doivent pas être positionnées au-dessus de l'onction du St-Esprit. Que se passerait-t-il si Paul plaçait ses capacités tirées du judaïsme sur l'onction du St-Esprit ? Dans sa sagesse, il a dit ceci : « ***Et ma parole et ma prédication ne reposaient pas sur les discours persuasifs de la sagesse, mais sur une démonstration d'Esprit et de puissance*** » (I Co 2 : 4). Et dans le verset 5, il continue en ces termes: « ***afin que votre foi fut fondée non sur la sagesse des hommes, mais sur la puissance de Dieu*** ». Tu vois ? L'exemple de Paul peut nous orienter aujourd'hui.

Dieu veut que nous soyons puissants, au point de marcher sur toute la puissance de l'ennemi (Luc 10 :19). Mais cette puissance ne provient ni d'une tour de magie, ni d'une connaissance académique approfondie c'est l'expression de la volonté de Dieu par l'œuvre du St-Esprit. Nous savons que ce que nous possédons intellectuellement, doit nous être absolument utile, mais cela demeure dans notre dimension humaine, et ne peut pas s'affronter aux ruses du diable et ses puissances infernales. La Bible dit que la folie de Dieu est plus sage que l'homme. Cela veut dire que ce que nous faisons dans le monde de Dieu parait être une folie dans le monde humain, mais cette folie est plus sage que la prétendue sagesse de l'homme. Arrête de te plonger dans la confusion. L'essentiel dont tu as besoin pour mener une vie chrétienne authentique et pour conduire l'œuvre de Dieu de manière extraordinaire est dans l'onction du St-Esprit.

Cependant, la dimension d'onction pour mener sa vie et l'œuvre de Dieu n'est pas ordinairement reçue de manière similaire à l'onction initiale. Si l'onction initiale est reçue automatiquement par la foi qui ouvre la porte au salut, l'autre aspect est accordé par la foi dans la communion avec Dieu, en fait, dans la prière. Quand le Seigneur disait aux disciples d'aller attendre le revêtement du St-Esprit, Il ne leur disait pas d'aller se reposer, dormir, se perdre dans le système du monde ; plutôt d'aller attendre dans la prière. Sa propre vie de prière leur a tout enseigné. C'est pour cela, l'église primitive avait sa vie centrée essentiellement sur la prière. Ainsi, lorsque les apôtres se trouvaient contraints d'annoncer la Parole, l'église n'essayait pas d'appliquer des méthodes scientifiques pour palier le problème, mais demandait à Dieu d'accorder Sa grâce à Ses serviteurs.

Il faut se détacher de la conception humaine si on veut vivre Dieu dans une autre dimension. Souvent, on se dit qu'on prie beaucoup. En réalité, certaines fois c'est vrai. Cependant, il faudrait se demander si on priait assez pour la dimension d'onction recherchée. Tu devrais étudier plus à fond la vie de prière de Jésus pour te faire une idée sur la tienne. Après avoir passé quarante jours de jeûne, pourquoi Jésus gardait une vie de prière assidue et rigoureuse ? C'était afin de conserver la flamme. Notre problème, c'est que nous sommes satisfaits avec la moindre portion de grâce reçue en prière. Cela révèle que nous ne faisons pas l'expérience de grandes démonstrations de l'onction du St-Esprit. Seulement suis le modèle parfait, Jésus. Car une vie de prière selon Dieu produira sans nul doute la dimension d'onction proportionnelle à la mission de Dieu pour ta vie.

Dans le champ de Dieu, on ne peut absolument rien faire d'extraordinaire sans l'onction du St-Esprit. Voici quelques exemples de l'Ancienne Alliance, où elle était pratiquée pour la consécration de personnes ou d'objets ou de lieux au service de Dieu : L'huile devait être répandue sur la tête du sacrificateur et l'on en faisait l'aspersion sur ses vêtements (Ex 30 : 22-30). Le souverain sacrificateur recevait une onction spéciale qui le distinguait des autres sacrificateurs (Lév 21 :10). Le sacrificateur ou le prophète oignait le nouveau roi en versant de l'huile sur la tête de ce dernier (I Sa 10 : 1-6 ; 16 : 1-13).

Sans l'onction, l'appel n'est pas confirmé ; les principes humains s'imposent ; l'éloquence fait la leçon ; l'intellect humain se positionne ; les bénédictions s'appellent « *le Matérie*l » ; la malnutrition spirituelle est une épidémie ; et l'église paie les frais en s'éloignant de plus en plus de Dieu. Ainsi avons-nous des églises de grande architecture, mais qui sont pour la plupart dépourvues de la grâce de Dieu.

La confusion est donc totale, mais Dieu soit loué qu'il y a quelques étincelles qui s'allument encore et qui doivent se transformer en de grandes flammes. L'église a besoin de se renouer avec l'onction pour en jouir ***les effets***. Car c'est ce qui a marqué l'Ancienne et la Nouvelle Alliances.

L'effet de l'onction

Ordinairement on voit dans l'effet un impact très visible. L'onction se manifeste de façon multidimensionnelle et dans des formes variées ; tout dépend du St-Esprit, l'opérateur qui en est l'essence spirituelle. Quand l'onction à l'œuvre est constante dans la vie d'un croyant, elle le place au dessus de la mêlée. Il s'éloigne incroyablement de sa position initiale, en courant vers l'image du Christ. Cela fait que, progressivement il devient méconnaissable à la vue charnelle, tout en épousant au fur et à mesure les pensées qui étaient en Jésus. Ainsi le fruit de l'Esprit se manifeste, puisque son cœur a été préparé par les outils de l'Esprit. Donc étant donné que c'est du cœur que viennent les péchés, il est prêt à jouir de la liberté qu'accorde l'Esprit de Jésus, car il est dit : « ***Or, le Seigneur c'est l'Esprit ; et là où est l'Esprit du Seigneur, là est la liberté*** » (II Co 3 : 17).

Considérant le changement qu'apporte l'onction dans le cœur, la Bible, parlant de Saül, rapporte : « ***Dès que Saül se retire de devant de Samuel, un autre cœur lui a été accordé*** » (I Sa 10 : 9). Généralement l'onction amène la repentance ; elle ne tolère pas l'impureté sous aucune forme. C'est pour cela quand elle vient sur une personne ou sur un rassemblement de personnes, on va vite remarquer des pleurs de regret et de la confession des péchés. Alors le feu de Dieu brûle les membres du corps de péché : l'orgueil, la colère, l'amour du monde, l'égoïsme, l'impureté, etc. Elle amène aussi des manifestations de joie intense. Quant à la capacité, il ne manque pas d'exemples bibliques de personnes qui jouissaient du revêtement de l'onction du St-Esprit. Elle leur accorda des capacités extraordinaires d'œuvrer de manière surnaturelle au point de transformer et de bouleverser leur environnement, selon le vœu de Dieu. Les suivants sont quelques-uns des plus courants :

<u>Dans l'Ancien Testament :</u>

Gédéon, revêtu de l'Esprit de l'Éternel, sonna de la trompette, et Abiézer fut convoqué pour marcher à sa suite. Il put ainsi convaincre et rassembler une armée pour combattre l'ennemi d'Israël (Juges 6 : 34). Betsaleel, choisi par l'Éternel, a été rempli de l'Esprit de Dieu, de sagesse, d'intelligence, et de savoir pour toutes sortes d'ouvrages (Ex 31 : 2). David, par la musique instrumentale, calmait le mauvais esprit qui tricotait Saül (I Sa 16 : 14-23).

Dans le Nouveau Testament

Zacharie, le père de Jean Baptiste, fut rempli du Saint-Esprit, et il prophétisa (Luc 1:67)

Jésus était un prophète puissant en œuvre et parole (Luc 24 : 19). Des cœurs brûlaient en écoutant parler Jésus (Luc 24 : 32). La prédication de Pierre a touché le cœur des gens qui étaient présents (Act 2 : 37). La prédication d'Étienne troublait les cœurs des gens (Act 7 : 54-60). Paul, rempli du Saint-Esprit, discerna l'esprit qui inspirait Elymas, un sorcier, et lui infligea le jugement de Dieu (Act 13 : 9,10).

La fuite de l'onction

L'onction est quelque chose de dynamique ; elle peut accroître, diminuer ou même être perdue, selon le mode de vie que mène celui qui la reçoit. Le manque de sanctification attriste l'Esprit de Dieu et L'empêche d'agir. La Bible parle de l'importance de ranimer la flamme du don de Dieu: « ***C'est pourquoi je t'exhorte à ranimer la flamme du don de Dieu que tu as reçu par l'imposition de mes mains*** » (2 Tim 1 : 6). Les chrétiens de l'église primitive, connaissant très bien cette vérité, étaient constamment dans la prière et dans le jeûne, suivant l'exemple de leur Seigneur. Il faut éviter à tout prix la diminution ou la perte. Les exemples suivants te sensibiliseront davantage :

Samson a connu une fuite d'onction pour avoir désobéi à l'ordre divin (Juges 16 : 18,19)

Lorsque le roi Saül s'enorgueillit et désobéit à Dieu, l'Esprit de l'Éternel se retira de lui (I Sa 16 : 14)

David avait compris l'importance de l'onction divine. Lorsqu'il pécha avec la femme d'Uri et qu'il fit tuer ce dernier, il fut saisi de tristesse et de crainte. Il se repentit sincèrement, priant le Seigneur de ne pas lui retirer Son Esprit Saint : « ***O Dieu! Crée en moi un cœur pur, renouvelle en moi un esprit bien disposé. Ne me rejette pas loin de ta face, ne me retire pas ton esprit saint. Rends-moi la joie de ton salut, et qu'un esprit de bonne volonté me soutienne***! » (Ps 51 : 10)

L'apôtre Paul mettait en garde les disciples en leur écrivant : « ***N'attristez pas le Saint-Esprit de Dieu, par lequel vous avez été scellés pour le jour de la rédemption*** » (Eph 4 : 30).

Je reprends : l'onction ne marche absolument pas avec l impureté. Elle apporte toujours le degré de sanctification proportionnel à la dimension de gloire et de puissance. La capacité sans la qualité n'est pas de mise dans le fonctionnement du royaume de Dieu. Ton degré de puissance et de gloire doit s'accorder avec ton degré de sanctification.

Si l'onction poursuit sa route à travers des démonstrations de puissance pendant que le niveau de sanctification n'y convient pas, il va falloir vite s'arrêter. Cela peut être l'œuvre des démons pour te conduire dans l'entêtement, afin que tu sois méconnu par le Seigneur au dernier jour. La Bible dit : « ***l'Esprit de l'Éternel se retira de Saül, qui fut agité par un mauvais esprit venant de l'Éternel*** » (I Sa 16 : 14). Et Paul dit : « ***N'éteignez pas l'Esprit*** » (I Thes 5 : 19). La perte de sanctification peut te conduire à agir sous l'influence des mauvais esprits par des démonstrations de puissance. Donc, Sois prudent comme un serpent ! Notre désir de passer des moments de prière, doit être avant tout l'objet d'une intimité constante et de plus en plus profonde avec Dieu.

Chapitre V

HANDICAP

Un handicap est une incapacité empêchant un être d'œuvrer selon les normes régulières. Dans la vie spirituelle, le chrétien peut se trouver malheureusement dans une pareille situation, et cela peut causer son manque d'évolution dans bien de domaines spirituels, y compris la prière. D'où l'impérieuse nécessité d'identifier les handicaps à la vie spirituelle. En voici quelques-uns parmi tant d'autres qui peuvent handicaper ta vie de prière :

I - Le doute

Le doute est un sévère handicap qui ronge sérieusement la vie de prière. Douter est le fait de n'être pas sûr ! On dit ordinairement qu'on a des doutes. La Bible dit qu'il faut que celui qui s'approche de Dieu croie que Dieu existe. Cette croyance dont elle parle n'est autre que la foi, qui est « *une ferme assurance en Dieu* ». Lorsque tu doutes dans la prière, tu doutes de la personne même de Dieu, et douter de Dieu est un péché. Le Seigneur Jésus lui-même, qui a accompli la justice du Père par le sacrifice de Sa chair à la croix, t'invite à demander en son nom. Donc, je te suggère de bien saisir le poids de ce sacrifice, et l'incommensurabilité de l'amour et de la fidélité de Dieu. Cela t'aidera à mieux t'organiser face à ce destructeur

Des situations peuvent te placer dans les périmètres du doute, mais c'est à toi de décider si tu préfères passer ton temps à prier sans rien recevoir de la part de Dieu. Le 'Psaumes 59' dépeint l'assurance de David en l'Éternel pendant qu'il était dans une situation qui le plaçait dans la sphère du doute, et il y avait de quoi à avoir peur. Il faut lire et même mémoriser ce genre de passage biblique. Car, les situations difficiles ne sont pas là pour te combler de doute, mais pour faire grandir et affermir ta foi. Tu n'as rien à perdre de faire pleinement confiance à Dieu ; or douter ne te rend aucun service ; il ne fait que ruiner ta vie de prière.

II - La vie spirituelle en désordre

Une vie spirituelle en ordre est une vie dans la volonté de Dieu. Par contre, lorsqu'on n'est pas dans la volonté de Dieu, sa vie est en désordre. C'est pourquoi, tu dois discerner la volonté de Dieu dans tous les domaines de ta vie : spirituel, ministériel, familial, social, etc., et tu dois le faire dans les moindres détails. Ce n'est pas si compliqué si tu nourris ton intimité avec le St-Esprit.

C'est la vie chrétienne authentique ; on cherche à connaître la volonté de Dieu dans toute circonstance. Tu te places en face de la Parole de Dieu. Par exemple: dans le domaine spirituel, on sait bien que la Bible énumère des œuvres de la chair et celles de l'Esprit. Tu peux seulement placer ta vie spirituelle devant ce tableau pour te situer : en ordre ou en désordre ? En termes, tout ce qui n'est pas approuvé par le St-Esprit et tout ce qui Lui constitue une résistance sont des désordres. D'où la nécessité de l'intimité.

Des gens mettent de longues heures à regarder la télé, à blaguer, à jouer sans arrêt, etc. C'est de l'oisiveté. De pareils comportements montrent l'existence d'un problème de discernement, qui doit être péremptoirement résolu. La vie de prière sera assez pénible si ta vie n'est pas en ordre. On peut avoir un grand ministère sans connaitre la volonté de Dieu ; donc, la vie de prière de ce ministre est en désordre dans certains points.

Ce n'est pas un jeu ! Une vie en désordre est souvent inspirée par la négligence, l'ignorance, et j'en passe. Etre négligeant ou ignorant dans sa manière de servir Dieu te plongera dans l'irrespect pour Sa Personne et le désintérêt pour Ses affaires. On va à Son service en retard sans avoir été contraint; on se comporte dans Sa présence sans sentiment de révérence; on Lui offre des offrandes sans honneur, comme de l'argent obtenu de manière sordide; on s'adapte aux petits mensonges; on ne règle pas les affaires avec équité; on ne contrôle pas sa vie sentimentale; on ne discipline pas sa relation sexuelle; on parle comme on veut; on s'habille selon ses désirs charnels; etc.

III - Le type de cœur

Dans Matthieu 13 : 4-23, le Seigneur Jésus a présenté quatre types de terres qui peuvent se référer à quatre types de cœurs en réaction à la Parole de Dieu. Cette parabole dépeint l'attitude de l'homme face à la Parole de Dieu, relativement au type de cœur que possède ce dernier :

La terre le long du chemin

Il s'agit d'un cœur qui ne comprend pas la Parole, car la semence est promptement enlevée par le diable après avoir été semée. Une telle personne entend le message, l'enseignement, etc. mais n'y exprime aucun intérêt.

La terre pierreuse

C'est un cœur qui manque de profondeur ; ce qui révèle chez la personne un manque de persistance et d'équilibre ; elle ne résiste pas aux difficultés de la vie et aux persécutions. Une telle personne ne peut pas être un bon combattant dans le domaine spirituel face aux assauts de l'ennemi.

La terre épineuse

Un cœur rempli de soucis et de séductions mondaines, étouffant la Parole de Dieu. Il faut comprendre que ce cœur, qui est l'image de l'église d'aujourd'hui en majeure partie, est piégé parce qu'il s'affectionne beaucoup plus aux choses du monde.

La bonne terre

C'est le cœur qui jouit de l'effet et de la grâce de la Parole de Dieu. De fait, il produit progressivement le fruit de l'Esprit, selon la proportion saisie. Cette personne ne fait pas obstruction à la Parole de Dieu et aux actes de l'Esprit. Une fois que la Parole tombe dans son cœur, on va remarquer le fruit au temps convenable.

Face à cette leçon, une autoévaluation est nécessaire afin d'identifier le type de cœur que tu as. Cette évaluation peut se faire à partir de ce que tu es à présent par rapport aux enseignements, aux prédications, aux exhortations, aux blâmes et aux épreuves reçus tout le long de ta vie chrétienne. D'ailleurs, la Bible nous montre que le cœur de l'homme n'est pas immuable ; il peut changer d'un état à un autre. Entre autre, cette parabole ne se limite pas aux cœurs non croyants devant venir à la repentance ; il implique aussi ceux des chrétiens.

Comprenons que le type de cœur peut entraver la vie de prière. Un cœur dans lequel la Parole ne demeure pas, comment parviendra-t-il à se discipliner dans la prière, si ce ne sont que des prières religieuses n'ayant aucun fondement sur la Parole de Dieu ? Un cœur sans résilience, comment pourra-t-il prier dans les situations difficiles, quand on sait que les moments de grandes épreuves sont une marque de la vie chrétienne ? Un cœur enfermé par des soucis et des séductions du monde, comment arrivera-t-il à reconnaître la place de Dieu et l'intimité avec le St-Esprit dans la prière ? Mais un cœur qui reçoit l'effet et la grâce de la Parole de Dieu, dans lequel Dieu prend plaisir, au contraire, peut assiéger le trône de Dieu sans ambages.

Vois-tu ? Tous les trois cœurs précédents peuvent prier, mais il y aura inévitablement des obstacles à la vie de prière de ces personnes-là. Le mieux serait d'accentuer ces prières en grande partie sur le besoin de transformation. Cependant, cela ne veut pas dire que le cœur qui reçoit l'effet de la Parole de

Dieu n'est exempt de difficultés et d'obstacles. Néanmoins, la personne disposant de ce cœur, dans tous les aléas de la vie, est et se voit plus que vainqueur par Celui qui le fortifie.

IV - La résistance au brisement de Dieu

Dieu intervient à tous les niveaux de la vie chrétienne, soit pour glorifier, soit pour encourager, soit pour éprouver, soit pour corriger, soit pour punir Ses enfants quand Il l'estime nécessaire. Il ne se distancie pas de la vie de Ses enfants même en gardant le silence pendant un temps. Garde en mémoire que le salut ne nous rend pas automatiquement parfait dans nos actions ; c'est dans ce sens qu'on parle de l'aspect progressif du salut. Si nous sommes rachetés du péché de façon positionnelle, tel n'est pas le cas dans notre marche progressive vers la stature parfaite du Christ. Cette marche vers l'image accomplie du Christ entraîne une transformation croissante de notre personne par diverses approches incluant des réprimandes, des épreuves, des punitions, etc. Ces choses constituent le brisement, qui est une méthode Divine. Job a dû accepter le brisement de Dieu par l'épreuve pour être le *modèle éprouvé*, et sur qui Dieu pouvait miser. David a dû accepter le brisement par les punitions pour être *l'un des meilleurs enseignants de la repentance.*

Le brisement consiste à former ton caractère chrétien ; tu ne peux pas l'éviter. Quand tu t'en fuis ou tu y résistes, tu te bats contre la volonté de Dieu pour ta vie. En train d'être brisé n'est pas un mets délicieux, mais c'est la méthode de Dieu ; il faut l'accepter dans ta vie. D'ailleurs, il vaut mieux l'accepter avec douceur et humilité pour que la leçon soit plus vite apprise. Dieu n'entend pas faire route avec un chrétien comme si rien n'était avec un orgueil qui le perdra ; avec un venin mortel dans la langue ; avec une sensualité de bête ; avec un cœur truffé de plaisirs mondains ; etc. Si les exhortations, les enseignements, et les messages ne l'atteignent pas, le brisement est l'étape qui va suivre. Dieu n'acceptera pas ta vie sur la roulette de ton confort naturel bourré d'imperfections. L'épreuve est une source de transformation.

Dans toutes ces choses, il ne faut jamais empêcher Dieu d'apporter le changement qu'il veut opérer à Sa manière. Parvenir à la stature parfaite du Christ n'est pas « *déguster un bon repas* » ; c'est un paquet rempli de méthodes divines dont le brisement est incontournable. Et, si tu y résistes, ta vie de prière sera un châtiment.

V - Faute d'amour

L'amour est le point central de la Parole de Dieu ; c'est Jésus même. Tout ce sentiment divin est exprimé à travers Lui. La Bible est ainsi résumée : « *le Dieu souverain a mis à l'existence un être qui est l'expression de Son Amour et avec lequel Il désire partager cet Amour dans une communion parfaite. Cet être doit devenir la femme du Fils unique de Dieu, qui a dû donner Sa vie pour elle (l'église) afin de la racheter de sa chute* ». Donc, l'amour doit englober tout ce qui provient de cet être quant à sa relation avec son Dieu.

Parlant de l'amour, il inclut celui aussi à l'égard du prochain. Dans le passage de Paul aux Corinthiens, une description claire en a été faite : «***Quand je parlerais les langues des anges, si je n'ai pas la charité, je suis un airain qui résonne ou une cymbale qui retentit. Quand j'aurais le don de prophétie, la science des mystères et toute la connaissance, quand j'aurais même toute la foi jusqu'à transporter des montagnes, si je n'ai pas la charité, je ne suis rien. Et quand je distribuerais mes biens pour la nourriture des pauvres, quand je livrerais même mon corps pour être brûlé, si je n'ai pas la charité, cela ne me sert de rien. La charité est patiente, elle est pleine de bonté ; la charité n'est point envieuse ; la charité ne se vante point, elle ne s'enfle point d'orgueil, elle ne fait rien de malhonnête, elle ne cherche point son intérêt, elle ne s'irrite point, elle ne soupçonne point le mal, elle ne se réjouit point de l'injustice, mais elle se réjouit de la vérité ; elle excuse tout, elle croit tout, elle espère tout, elle supporte tout. La charité ne périt jamais. Les prophéties prendront fin, les langues cesseront, la connaissance disparaîtra. Car nous connaissons en partie, et nous prophétisons en partie, mais quand ce qui est parfait sera venu, ce qui est partiel disparaîtra. Lorsque j'étais enfant, je raisonnais comme un enfant ; lorsque je suis devenu homme, j'ai fait disparaître ce qui était de l'enfant. Aujourd'hui nous voyons au moyen d'un miroir, d'une manière obscure, mais alors nous verrons face à face ; aujourd'hui je connais en partie, mais alors je connaîtrai comme j'ai été connu. Maintenant donc, ces trois choses demeurent : La foi, l'espérance, la charité ; mais la plus grande de ces choses, c'est la charité*** » (I Co 13).

Tous les principes relatifs à une autre vie de prière sont extrêmement importants, mais sans l'amour ils ne veulent rien dire. Car même la plus grande foi devient dangereuse sans l'amour. Autrement dit, on sera face au Seigneur en ces termes : « ***Je ne vous ai jamais connu…*** » (Mat 7 V : 23).

Particulièrement à l'endroit du Seigneur, l'amour requiert un renoncement de soi-même ; c'est ce que renferme l'amour de la prière. On ne peut pas aimer la présence de Dieu sans aimer Dieu. Il s'agit de tomber d'abord amoureux de Lui. Tout comme le Seigneur Jésus, étant amoureux de Son épouse avant même la fondation du monde, rien ne L'empêchait de renoncer à Son trône de gloire pour venir S'humilier pour nous, Son Église. Quand tu n'es pas amoureux, tu ne penses qu'à toi. Ce ne sont que tes désirs qui importent. Mais une fois que tu es amoureux, tu te soucies du désir de l'autre, en vue de lui plaire. Une vie de prière sans amour est égocentrique, charnelle, brute, etc. Mais un cœur amoureux de son Créateur, partage toujours son amour avec tendresse et beaucoup d'affection. En termes, la prière sans amour est handicapée. Inutile d'y perdre ton temps. Encore, dans cette circonstance, la prière qui aurait du sens, serait celle d'implorer la faveur de Dieu de transformer ce cœur.

VI - Les portes d'accès

Se référant à la Bible, il existe vraiment des portes spirituelles ; ce sont des ouvertures dont certaines sont profitables et d'autres néfastes. D'abord, pour être né de nouveau, on est passé à travers une porte qui s'appelle Jésus ; Il a dit: ***« Je suis la Porte. Si quelqu'un entre par Moi, il sera sauvé »*** (Jean 10 : 9). Tu vois, depuis l'entrée à la nouvelle naissance, il s'agit de porte ; - c'est très sérieux. L'être humain, sans être réconcilié avec Dieu, se trouve dans un tunnel le dirigeant tout droit en enfer. Mais, une fois entendre la voix du Berger (Jean 10 : 11), et en être convaincu par le St-Esprit, il est transporté de ce tunnel de la mort au royaume de Dieu. Ce transfert se fait au moyen des portes : de la porte de ce tunnel à celle du royaume de Dieu.

Lorsqu'on mène sa vie spirituelle dans une conception naturelle, on se plante dans l'ombre des choses spirituelles. On ne parle presque pas des réalités spirituelles, encore moins des vérités autour de ces choses. Par la compassion de Dieu, on peut trouver certains résultats dans les luttes ; mais à la fois en se faisant du mal et en faisant du mal à d'autres personnes. C'est comme prendre des médicaments sans indication ; ce que font les ignorants. Il y a des choses qu'il faut bien comprendre. Si dans la vie naturelle, les entrées et les sorties sont ordinairement accessibles au moyen des portes, ce n'est pas différent dans la vie spirituelle.

Dieu a dit à Caïn que le péché était devant la porte de son cœur (Ge 4 : 7). Et Sa Parole nous dit de ne pas donner accès au diable (Eph 4 : 25-27). Ces versets nous montrent que nous devons garder nos portes fermées au diable. Quand nous péchons, selon l'Apôtre, nous donnons au diable l'accès de ruiner nos vies spirituelles, sociales, physiques, etc. La chose n'est pas souvent comme beaucoup de chrétiens le pensent : ils ne peuvent pas être atteints, même à un certain niveau, par le diable. Le but du diable est de faire du tort à l'homme. Sur ce, Jésus a dit ceci : « ***Le voleur ne vient que pour dérober, égorger et détruire*** » (Jean 10 : 10). Lorsqu'on est chrétien né de nouveau, il est devenu fou furieux en rôdant autour de nous (I Pie 5 : 8, 9). Autrement, il serait si idiot de nous attaquer sans espoir de nous atteindre. La Bible dit à celui qui se croit être debout de prendre garde de tomber.

Alors, il est question de fermer la porte au péché pour empêcher tout accès au diable. Car tous les péchés amènent avec eux des «substances spirituelles infectieuses» qui peuvent altérer la nouvelle nature. C'est pourquoi, si tu commets un péché, il faut vite t'en repentir et le confesser ; ce qui représentera un antibiotique et un pansement. Cependant, il faut dire que cela dépend aussi de la gravité pour savoir si une intervention spirituelle approfondie ne sera pas recommandée. On doit implorer Dieu pour qu'Il extraie cette substance étrangère ; sinon elle peut devenir une source d'instabilité spirituelle et un handicap majeur à la vie de prière.

A ceci, tu dois éviter des contacts pouvant frayer l'ouverture des portes au péché : L'œil ne doit pas s'arrêter sur n'importe quoi ; l'oreille ne doit pas écouter n'importe quoi ; le corps ne doit pas être incliné vers des désirs impudiques. C'est quand bien même compliqué dans ce monde où on expose toutes choses. La Parole de Dieu nous rapporte qu'à chaque fois les enfants d'Israël s'adonnaient aux péchés, c'est-à-dire ouvraient leurs portes, leurs ennemis trouvaient l'accès d'entrer sur leur sol et les faisaient atrocement souffrir. Alors, il se passe la même chose dans la vie spirituelle. A l'ouverture d'une porte qui devait rester fermée, les mauvais esprits s'immiscent d'une certaine manière dans la vie de cette personne : soit par influence l'attirant de plus en plus vers une attitude charnelle ; soit par l'obsession de la mondanité, qui la plonge dans une vie par la vue ; soit par l'inconscience et l'endurcissement, qui anesthésient l'âme.

VII - Devoir se battre

Face aux handicaps s'érigeant en obstacle à la vie de prière, le chrétien doit s'animer d'un esprit de combat. Donc, les prières ne doivent pas être seulement défensives, en demandant à Dieu la grâce de rester ferme, elles doivent être aussi offensives. Quand Dieu pardonne au peuple d'Israël, le peuple participe généralement à sa délivrance, en combattant leurs occupants. Aussi devons-nous commander les forces qui nous guettent jour et nuit. C'est l'œuvre des esprits méchants. Ils ne peuvent pas résister à une portion de grâce et de foi qui leur est supérieure.

Point n'est besoin de se plaindre ; l'heure est à se battre. Évalue ta vie au regard de la Parole, avec l'aide du St-Esprit. Essaie d'identifier les négatives, c'est-à-dire, des choses qui ne devaient pas être présentes dans ta vie et celles que tu devrais acquérir mais dont tu ne parviens pas à jouir. Parles-en à Dieu. Confesse si c'est nécessaire ; commande, dans le puissant nom de Jésus-Christ, les esprits qui les amènent ou qui les bloquent. Les interventions des esprits ne doivent pas avoir impact direct sur nous, mais elles peuvent retarder nos avancements dans bien de domaines, comme c'était le cas du prophète Daniel dont la réponse à sa prière avait été retenue pendant vingt-un jours. Tandis qu'on persiste dans la prière, il faut aussi ordonner à ces insectes nuisibles de s'écarter de nous et de nos affaires, en établissant un champ de force capable d'attiser de plus grandes flammes à travers nos prières, en vue de les carboniser à leurs moindres mouvements.

Se dire une fois être converti qu'on a fini avec le diable, est une aberration spirituelle. Car la Bible dit qu'il rôde comme un lion rugissant autour de nous, cherchant qui il peut dévorer. Il n'a certes pas le pouvoir de nous retirer de la main de Jésus, mais il peut causer des troubles, et même nous porter à créer des brèches dont il profitera pour nous atteindre. Quand tu sens qu'il ne perturbe pas, c'est que tu es fort probablement atteint, car dans chaque attaque, c'est en lui résistant d'une foi ferme qu'il fuira loin de nous, et les attaques ne cessent jamais ; Moïse, David et le Seigneur peuvent l'affirmer.

Ces choses demandent beaucoup d'intelligence spirituelle. On applique des insecticides contre les insectes, mais la puissance de l'Esprit par la foi contre les ennemis de l'âme, sur le plan défensif et sur le plan offensif. Ils envoient des pensées et des images contraires à notre nature spirituelle ; nous devons les chasser sans état d'âme, comme le Seigneur Jésus l'a fait Lui-même. Ceci peut se faire en se servant de la Parole de Dieu et des cantiques spirituels appropriés. Aussi ne devons-nous pas cesser de déclarer constamment de bonnes choses sur tout notre être, l'esprit, l'âme et le corps, en demandant à Dieu de nous ouvrir des portes favorables (I Co 16 : 8, 9).

Si Dieu nous éprouve ou nous châtie, que ce soit pour Sa gloire. Nous devons reconnaitre notre devoir de Le glorifier dans l'épreuve et notre devoir d'implorer

Sa miséricorde dans le châtiment. Mais quant à l'acte du diable visant à nous nuire et à nous faire passer à côté du plan de Dieu pour notre vie, nous ne devrions pas seulement prier en demandant la grâce à Dieu, mais aussi nous devons contrattaquer. Dans toutes ces choses, le discernement est péremptoire. Si ta vie présente des anomalies sur le plan spirituel ou social, tu dois discerner si c'est la main de Dieu, ou les nuisances de l'ennemi. Si cela vient de l'ennemi, cherche s'il n'y a pas de portes ouvertes pour les refermer par la repentance et la confession, puis détruis ces nuisances au nom de Jésus.

Dieu n'est pas contre nous, même s'il Lui arrive de nous châtier ; c'est de l'amour. Pourtant le voleur, le diable, l'ennemi juré du chrétien, ne vient que pour t'égorger et te détruire. Par contre, combats-le en déclarant depuis ta dévotion matinale des choses comme : « *qu'il soit comme la paille emportée par le vent ; qu'il soit confus dans ses attaques perpétrées contre ma journée; que toute intervention infernale soit pulvérisée par la flamme de l'Esprit, au nom de Jésus ; etc.* ».

Cependant, l'un des aspects du combat dans la vie de prière, est le fait d'être dans des situations tout à fait ardues, et qu'on devient incapable de dire même un mot. C'est un fait réel! Il arrive de faire face à des problèmes qui tiennent à t'enlever tout ce que tu as appris dans ce domaine, même ta disposition. Dans ce genre de situations, je décide de m'humilier en étendant le corps devant la face de Dieu, en disant : tu sais bien que je n'y peux rien, car je ne sais même quoi dire. Mais la seule chose que je sache dans tout cela, tu m'aimes assez pour me défendre. D'autres fois, je ne fais que soupirer.

Tu dois développer l'intimité profonde avec le St-Esprit. Il est le meilleur guide qui peut te communiquer le comportement à observer dans chaque circonstance. Encore, applique la discipline des pensées. Au lieu de laisser ton esprit capturé par la pression de ces situations, dirige-le vers les attributs de Dieu. Ces situations ne sont pas toutes là pour te tuer, mais le plus souvent pour t'enseigner afin que tu deviennes de plus en plus fort. Alors apprends ! Mais tu dois avoir une foi ferme en Dieu.

Se battre dans n'importe quel domaine, oblige la discipline, le courage, la détermination, la consistance, la conviction, le but, la stratégie, etc. Dans la vie chrétienne, un bon combattant en prière ne peut pas se démarquer de ces choses. La discipline dans ta vie de prière te permettra d'être moins émotionnel et moins sensible. Elle te dirigera à des principes nécessaires de te rendre ferme. Le courage est très important dans l'observation des principes. Car parfois la paresse et la fatigue découragent dans l'application de la discipline. La détermination doit être connectée à la conviction, qui est un ferme engagement du cœur pour faire quelque chose. La consistance est sur quoi repose ton but quand les difficultés se présentent. La stratégie est l'une des choses les plus importantes dont un combattant a besoin dans la bataille. Sans la stratégie, tu peux utiliser tous les grands éléments cités dessus, mais sans obtenir les résultats escomptés. Tu dois savoir que l'Esprit de Dieu te les apporte tous. Donc, tu as besoin d'être très connecté avec Lui. Il connaît où il faut te positionner, quand et comment attaquer, quand et comment défendre. Il nous enseigne la vie de prière de Jésus comme étant une partie de Sa stratégie.

Ma vie de prière reconnaît l'importance de passer de longs temps en prière très tôt dans la matinée, en répandant la gloire et la puissance de Dieu sur le champ de mes activités. En ce temps-là des prières se concentrent sur le remerciement, la louange, et l'adoration, après un long moment de dialogue avec le St-Esprit, qui habituellement attire mon esprit sur des buts spécifiques, particulièrement d'intercession. Je n'aime pas réellement m'arrêter de prier : n'importe où, n'importe quand, j'aime dialoguer avec Dieu. Le début de la construction de ma vie de prière a été très pénible ; souventes fois le corps ne tolérait pas d'être constamment dans l'atmosphère de l'attraction du St-Esprit. Quelques fois, quand je me levais très tôt, mon corps essayait de me défier, mais l'Esprit de Dieu m'apportait toujours le support nécessaire. De jour en jour, Il me convainc de la nécessité de passer beaucoup plus de temps en prière, c'est-à-dire, en communication avec Dieu. Ainsi, la majeure partie du texte de ce livre m'a été enseignée à travers ces moments de communication. Dans la Bible, Il dirige ordinairement mon esprit sur la dimension spirituelle des passages ; par conséquent, mon esprit se concentre généralement la profondeur spirituelle.

Malheureusement, la vie de l'église telle que nous le constatons n'est pas du tout celle que le St-Esprit entends administrer. Alors, tu dois Lui demander de te communiquer les désirs du plan de Dieu pour ta vie personnelle. Parfois, je suis vraiment choqué par la condition de vie de l'église, par l'aveuglement de beaucoup de leaders qui ne veulent pas ouvrir la porte pour que l'Esprit de Dieu puisse guider l'église à la dimension de vie de prière des désirs de Dieu. L'église ressemble à une armée de soldats partant pour la guerre sans la mission, sans l'idée de ceux dont elle a besoin pour la bataille, sans l'idée de l'ennemi qu'elle va combattre. Mais toi, tu es appelé à faire la différence puisque tu as l'opportunité de lire ce livre. Mais, l'Esprit de Dieu te détachera des attitudes charnelles ; ce ne sera pas délicieux naturellement. Au fur et à mesure que tu pénètres, de plus en plus grands combats sont attendus. C'est la vraie vie chrétienne.

En tant que combattant, il y a une chose vraiment importante à retenir : connaître clairement la différence entre la force et la sagesse. On peut obtenir les deux par la prière. Mais il faut connaître quand c'est la force ou la sagesse qui prévaut. La Bible nous rapporte un exemple exceptionnel d'un homme ayant de l'énergie divine incroyable en lui, en vue de mener des combats dans le camp de Dieu, cependant qui a malheureusement failli conclure sa vocation dans l'échec. Il s'agit de Samson. Dieu soit loué, les cheveux de sa tête recommençaient à croître par la compassion de Dieu ; ce qui l'empêchait de mourir dans la honte. Tu ne peux pas te contenter d'être fort spirituellement. Certainement tu dois être très puissant, rempli d'énergie de Dieu en toi, au point d'être capable de bouleverser le royaume adverse. D'ailleurs, l'ennemi connaît quand nous avons la force de Dieu active en nous, mais cela ne l'empêche pas de nous combattre. C'est bien de reconnaître que tout le monde peut échouer ; alors, il faut construire avec sagesse.

La sagesse est la capacité de savoir quand, où, pourquoi, et comment agir. Dans beaucoup de situations, l'usage de la force ne garantit pas toujours la victoire. Alors, Il faut faire appel à la sagesse. Je veux me reposer sur l'un des principes fondamentaux qu'apporte la sagesse dans les combats : ***la vigilance***. Jésus, s'approchant de l'heure de sa crucifixion, a fait l'obligation à Ses disciples d'être vigilants, en disant ceci : «***Veillez et priez….*** » (Mat 26 : 41).

Des expériences montrent que certaines défaites dans la vie spirituelles sont dues par faute de reposer tout le sens des combats sur la force, en négligeant Sa sagesse. Dans ce champ de bataille, la négligence du principe « *veiller* » fera de toi un perdant, malgré la force de Dieu en toi. Dans ce cas, le sentiment ne doit pas être placé au-dessus des principes.

Dans l'assoupissement de l'esprit de Samson, il a violé le principe de veiller. Ses ennemis ont pris du temps pour lui préparer sa défaite, mais comme il n'était pas assez vigilant, en se confiant tellement sur sa force, il a même violé l'un des principes de Dieu l'interdisant de se mettre avec une étrangère. Il ne comprenait pas que la force ne contrôlait pas tout. Ses adversaires ne faisaient que profiter de son manque de sagesse pour le cribler. On ne peut pas se mettre en combat sans la force nécessaire ; mais non plus bien se battre sans la vigilance. On peut bouleverser le camp adverse par la force de Dieu en soi, mais à la fois connaitre beaucoup de défaites si on ne veille pas bien. Jésus nous recommande d'être prudents comme des serpents. Sais-tu remarquer la prudence du serpent avant de s'aventurer ? L'apôtre Paul a exhorté Timothée d'avoir la concentration d'un soldat. Sais-tu regarder les déploiements des troupes de soldats dans une zone inconnue ? C'est extraordinaire !

Alors prie sans cesse et veille sans arrêt ! Prends du temps pour étudier ton champ de bataille. Demande à Dieu de la sagesse d'appliquer les principes y relatifs. Car aussi puissante qu'est une armée, la capacité de son système de surveillance est primordiale. Il peut y avoir un manque d'équilibre dans certains domaines spirituels de ta vie. Cela représente des faiblesses. Alors, pendant que tu pries pour avoir la grâce de Dieu de les combler, la sagesse t'aidera à ne pas ouvrir des portes à l'ennemi. Un pays peut être très puissant, mais dans tels aspects de la guerre, il est vulnérable. Donc, il emploie de la sagesse pour sécuriser davantage sa zone de faiblesse tout en travaillant au renforcement. C'est pourquoi, veille sur tout, mais mets une vigilance très active sur des domaines de ta vie où tu penses qu'il y a un vide à combler. Car le Seigneur a bien su ce qu'il voulait dire par '***veillez***'.

En dernier lieu, le combattant doit être humble. Je ne dis pas modeste, mais humble de cœur, car la modestie n'est pas l'humilité, elle est plutôt une démonstration d'humilité. L'humilité est la vertu qui nous fait reconnaître notre petitesse, en dépit du fait que nous sommes très importants à Dieu et aux autres. C'est l'image d'une goutte d'eau dans l'océan ; hors de l'océan, elle ne vaut pas ce qu'elle est. Alors portant cette nature divine, tu es une goutte d'eau dont ta force réside dans la présence de Dieu.

La Bible nous parle beaucoup de cette vertu qui était en Christ l'ayant porté à prendre la forme humaine pour venir nous sauver. Ainsi, Il a conditionné la vie éternelle par elle (Mat 5: 3). Et, selon l'Apôtre Pierre, elle régit la communion chrétienne, et j'ajoute, celle d'avec Dieu : «… ***car Dieu résiste aux orgueilleux, mais il fait grâce aux humbles***» (1 Pie 5:5). Alors, être humble est d'attirer la faveur de Dieu dans sa vie ; et l'inverse est tout aussi vrai ! Donc, l'humilité pousse le combattant à se battre en comptant sur la grâce de Dieu. Mais l'orgueil lui fournira le sentiment d'être capable tout seul, et le droit de se procurer de la gloire qui en revient.

Tu es un enfant du royaume, pas de n'importe quel roi, mais du Roi des rois, riche en amour et en miséricorde, qui connaît ta faiblesse et qui en a compati. Quand l'orgueil se manifeste, Dieu peut t'enlever la couverture de Sa grâce pour te faire reconnaître ta faiblesse. Un bon guerrier spirituel reconnaît bien que sa nature humaine infectée par le péché, ne pourra pas s'affronter aux puissances des esprits méchants, à la chair, et aux pressions de ce monde ; c'est pourquoi, il se remet comme un outil entre les mains de l'Esprit de Dieu. Et toute la gloire est à Dieu. Car « ...***ce n'est ni par la puissance ni par la force, mais c'est par Mon Esprit, dit l'Éternel des armées*** » (Zach 4:6). L'absence ou le manque d'humilité fera terriblement obstacle à ta vie de prière. Il ne faut pas laisser ouvrir cette porte. Demande à Dieu de te donner un cœur humble pour savourer Sa victoire, car assurément elle viendra, dans le nom de Jésus.

Les obstacles à la prière sont multiples. Je ne peux pas les énumérer: trouble conjugal, refus de pardonner, confusion spirituelle, amour du monde, endurcissement, manque de sanctification, problème du renouvellement de l'intelligence, problème d'environnement spirituel immédiat, et j'en passe. Tu dois vraiment faire attention aux péchés par omission. Nous nous préoccupons le plus souvent des péchés par commission, en ne faisant pas attention à ceux par omission, qui habituellement obstruent les voies de contact avec Dieu. De toutes les manières, tu ne dois admettre aucun obstacle à ta vie de prière. Car la construction est si dure que tu ne puisses laisser aucune chose, pour aucune raison, la briser. Tu dois croire dans l'amour du père, dans la puissance de Jésus, et dans l'accompagnement du St-Esprit. Bats-toi!

CONCLUSION

Nous partons tous vers la perfection ; c'est la loi de la vie chrétienne. Alors, cette même loi oblige une vie de prière qui dépasse le cadre routinier. On ne finira jamais à maîtriser parfaitement les notions de prière, puisqu'on apprend dans le monde de Dieu. Mais on peut s'améliorer infiniment. Vouloir grandir dans sa communion avec Dieu sans s'appuyer sur une vie de prière est de courir à l'encontre de son but. Car il n'y a pas de plus grands moyens de connaître Dieu personnellement et intimement que par la prière. La Bible nous parle beaucoup de Dieu, mais là encore, les mystères à Son sujet sont ordinairement révélés dans la prière, par l'Esprit.

On ne se met pas à penser quand on parviendra à être quelqu'un qui prie comme l'exceptionnel; c'est un jour à la fois. La personne que tu deviendras changera constamment au fur et à mesure que tu pénètres Son champ infini de grâce, de puissance, de sainteté, de bonté, etc. C'est l'heure d'inclure tout ce qui te concerne dans la prière. Et tout ce qui est dans le plan de Dieu pour toi te concerne, y compris les choses que le naturel ne peut pas percer ; l'Esprit de Dieu te le confirmera, I cor 2. L'évangile ne consiste pas dans le manger et le boire; c'est une question de sanctification, de grâce, de puissance, de gloire, et d'amour par-dessus tout. Pour y arriver, une révolution dans ta vie de prière est essentielle.

Printed by Books on Demand GmbH, Norderstedt / Germany